MW01635828

DERIB + JOB
YAKARI
ABENTEUER-
KOCHBUCH
für hungrige Indianer

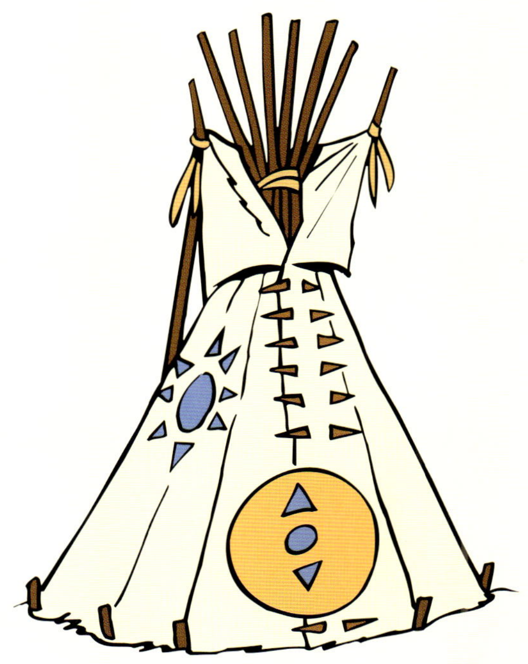

Edel Books
Ein Verlag der Edel Germany GmbH

www.edel.com
1. Auflage 2015

Projektkoordination: Nina Schnackenbeck
Text und Lektorat: Steffi Korda, Büro für Kinder- & Jugendliteratur, Hamburg
Lizenz: © Derib + Job – Le Lombard (Dargaud-Lombard S.A.) 2015
Licensed by: Euro Lizenzen, D-80331, München
Rezeptbilder: Food & Foto, Hamburg, außer Fotos Seite 100, 102: © Zoe Spawton
Fotos Seite 88, 105 (Honig), 141: Fotolia
Layout und Umschlaggestaltung: Antje Warnecke, nordendesign.de
Druck und Bindung: optimal media GmbH, Glienholzweg 7, 17207 Röbel/Müritz

Printed in Germany

ISBN 978-3-8419-0339-6

DERIB + JOB

YAKARI

ABENTEUER-KOCHBUCH

für hungrige Indianer

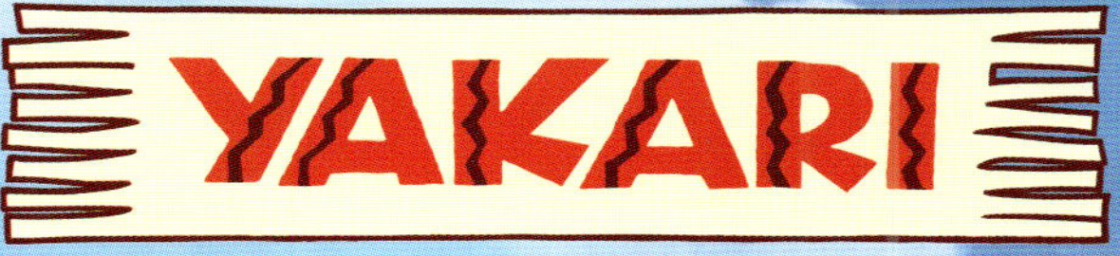

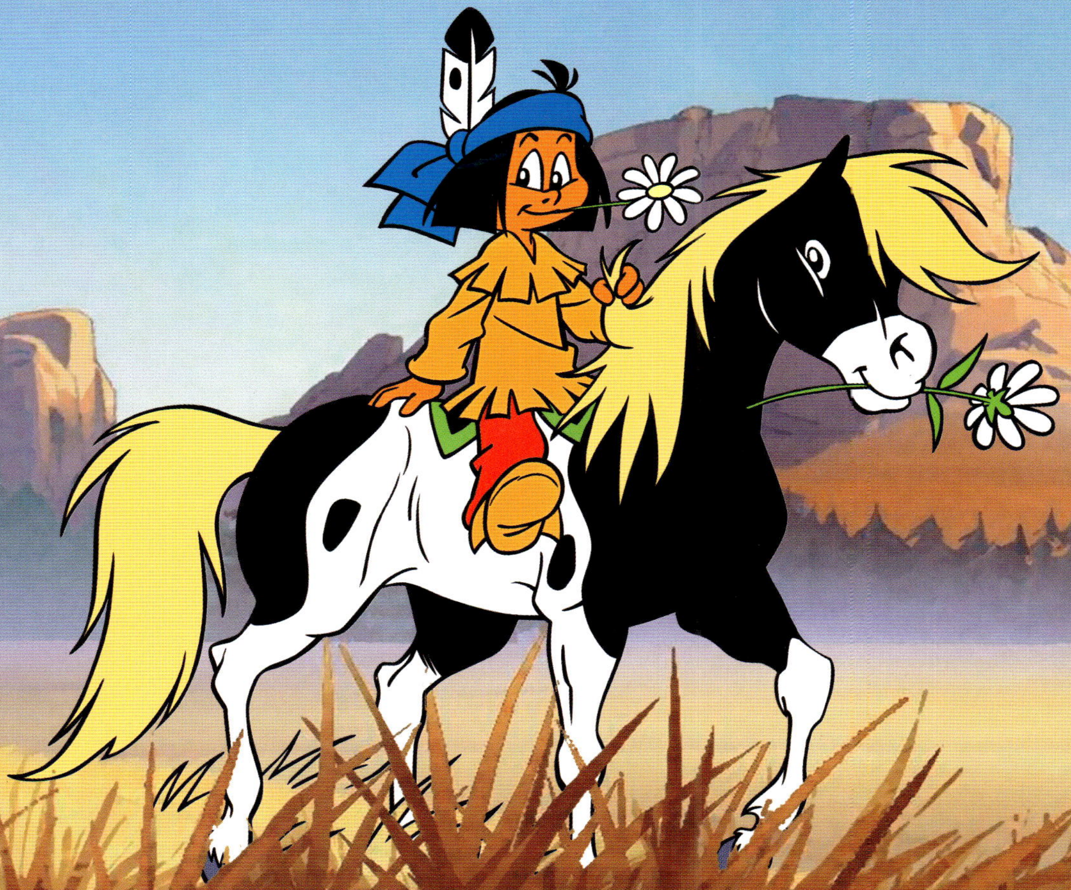

EDEL

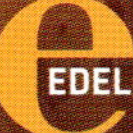

EIN WORT ZUM KOCHEN

Yakari ist grenzenlos neugierig: Immer, wenn er irgendwo ein Abenteuer riecht, sind seine Freunde und er mit von der Partie. Und wenn man so viel durch Prärie und Wildnis tobt, wird man schnell hungrig. Tomatensuppe, Chili con Carne, Forelle vom Grill – die Zutaten dafür haben wir Yakari und seinen Vorfahren zu verdanken. Aber auch Navajobrot oder Pemmikan haben sie auf ihren Ausritten in der Tasche. Dabei vergessen Yakari, Regenbogen und Kleiner Dachs jedoch nie den Respekt vor allem, was ihnen in der Natur geschenkt wird – und womit sie kochen, grillen und picknicken können.

In diesem Buch haben sie ihre Lieblingsgerichte für dich gesammelt und du erfährst ganz viel über frisches Gemüse und köstliche Früchte, sowohl über schnelle als auch ganz besondere, traditionelle Zubereitungsarten der Indianer und wichtige Tiere, die ihnen seit Jahrtausenden wertvolle Dienste leisten. Du wirst überrascht sein, mit wie vielen Zutaten Yakari, der Stamm der Sioux und viele andere indigene Völker schon seit ewigen Zeiten kochen, braten, brutzeln und grillen. Außerdem verrät Yakaris Mutter Schimmernde Zöpfe wertvolle Tipps und Tricks, damit beim Grillen und Abenteuerkochen auch nichts schiefgeht.

Alle Gerichte kannst du nachkochen, wenn du dir dabei ein bisschen von einem Erwachsenen helfen lässt. Oder ihr teilt euch auf: Die Erwachsenen kochen, du assistierst, sammelst Zweige, baust schon mal das Zelt auf oder breitest die Picknickdecke aus.

Und jetzt: Lies die Fährten von Kleiner Donner – auf ins Abenteuer Kochen!

INHALT

PRÄRIEGESANG
UND
DONNERKLANG
Brutzeliges
rund um Lagerfeuer
und Grill

In diesem Kapitel

findest du tolle Rezepte für draußen – zum Grillen im Park, im Garten oder fürs Lagerfeuer beim Zelten. Allerdings benötigst du für die Zubereitung einiger Gerichte fließendes Wasser, einen Kühlschrank oder einen Ofen. Am besten bereitest du sie also in der Küche vor und nimmst dann alles in einer Kühltasche mit. Howgh, wir haben gesprochen!

HOTDOGS IM STOCKBROT

DU BRAUCHST FÜR 6 STÜCK:

- 6 Holzstöckchen vom Weidenbaum (ca. 1,5 cm Ø, 30–40 cm lang)
- 50 g dänische eingelegte Gurkenscheiben
- 300 g Mehl
- 1 Päckchen Backpulver
- ca. 1 TL Salz
- 150 g Magerquark
- 6 EL Öl
- 6 EL Milch
- 1 Prise Zucker
- 6 Bratwürstchen oder Wiener Würstchen
- 4–5 EL Tomatenketchup
- 4–5 EL Remoulade
- Röstzwiebeln
- 2 Tomaten

So viel Zeit muss sein: 1 Stunde.

Einfach.

SO GEHT'S:

1. Lass dir von einem Erwachsenen das Stockende anspitzen.
2. Gurken gut abtropfen lassen.
3. Mehl, Backpulver und Salz mischen. Quark, Öl, Milch und Zucker in eine Schüssel geben. Alles mit den Schneebesen des Handrührgerätes glatt rühren. Mehl-Gemisch dazugeben. Mit den Knethaken des Handrührgerätes alle Zutaten zu einem glatten Teig verrühren.
4. Hände bemehlen und den Teig aus der Schüssel nehmen. Auf einer mit wenig Mehl bestäubten Fläche durchkneten. Den Teig in 6 gleich große Stücke teilen. Aus jedem Teigstück eine ca. 40 cm lange Rolle formen. Falls die Teigrolle zwischendurch bricht, einfach wieder zusammenkneten! Je eine Teigrolle spiralförmig um ein spitzes Stockende wickeln. Teig am Stockende leicht zusammendrücken.
5. Stockbrot über dem Feuer rösten oder auf dem Grill grillen.
6. Die Würstchen 6–8 Minuten grillen. Dabei öfter wenden.
7. Mit einem Backhandschuh das Brot vorsichtig vom Stock ziehen.
8. Die Brote mit Würstchen, Ketchup und Remoulade füllen. Serviere Röstzwiebeln, Gurken und Tomaten dazu – und schon liegt Dänemark in der Prärie!

Um ein knuspriges Stockbrot am Lagerfeuer zuzubereiten, solltest du einige Grundregeln zum Umgang mit Feuer beachten. Schau dir dazu bitte genau unsere Hinweise auf Seite 139 an.

INDIANER-HACKBÄLLCHEN MIT JOGHURT-DIP

DU BRAUCHST FÜR 4 PERSONEN:

- 1 Zwiebel
- 4 Stiele Minze
- 500 g Bio-Rinderhackfleisch
- 2 TL Senf
- 1 Bio-Ei (Größe M)
- 4 EL Milch
- 4 EL Paniermehl
- Salz
- Pfeffer
- 1 TL Currypulver
- 3 EL Öl
- ½ Salatgurke
- 1 Knoblauchzehe
- 200 g griechischen Sahne-Joghurt

So viel Zeit muss sein: 30 Minuten.

Einfach.

SO GEHT'S:

1. Zwiebel schälen und in feine Würfel schneiden. 3 Stiele Minze fein hacken. Hack, Zwiebelwürfel, gehackte Minze, Senf, Ei, Milch und Paniermehl verkneten, mit Salz, Pfeffer und Currypulver würzen. Aus der Hackmasse ca. 20 Bällchen formen.

2. Öl in einer großen Pfanne erhitzen. Bällchen darin unter Wenden 10 Minuten braten. Achtung: Das Öl kann spritzen! Lass dir von einem Erwachsenen helfen.

3. Gurke waschen, raspeln und leicht auspressen. Knoblauch schälen und fein hacken. Joghurt, Gurkenraspel und Knoblauch verrühren und mit Salz und Pfeffer abschmecken.

4. Hackbällchen mit Joghurt-Dip servieren und mit der restlichen Minze garnieren.

Beim Formen der Hackbällchen befeuchtest du am besten deine Hände. Dann wird die Oberfläche der Bällchen schön glatt und der Fleischteig pappt nicht an deinen Händen fest. Hackbällchen kannst du übrigens prima einfrieren: Im Tiefkühler halten sie sich bis zu drei Monate.

PFEIL-
SCHNELL
!

SCHNITZEL-SPIESSE MIT SELLERIESTANGE

DU BRAUCHST FÜR 8 STÜCK:

- 400 g Schweineschnitzel
- 4 EL Teriyakisoße
- 300 g etwas größere Kirschtomaten
- 200 g Stangensellerie

So viel Zeit muss sein: 45 Minuten.

Einfach.

SO GEHT'S:

1. Fleisch waschen und trocken tupfen. In ca. 4 cm breite und 10 cm lange, sehr flache Streifen schneiden. Mit Teriyakisoße beträufeln und 15 Minuten ziehen lassen.
2. Inzwischen Kirschtomaten putzen und waschen.
3. Staudensellerie putzen, einige Blätter grob hacken. Selleriestangen auf 18 cm kürzen und längs halbieren. Fleisch wellenförmig und abwechselnd mit den Tomaten daraufspießen.
4. Auf dem heißen Grill unter Wenden ca. 5 Minuten garen. Mit Selleriegrün bestreuen.

Am besten klappt es mit dem Aufspießen, wenn du durch das Fleisch und die Tomaten vorher mit einem Metallspieß ein kleines Loch bohrst. Du kannst das Ganze übrigens auch mal mit langen, dünnen Möhrenstiften als Spieße ausprobieren!

YAKARIS PRÄRIE-BURGER

DU BRAUCHST FÜR 4 PERSONEN:

- 1 große rote Zwiebel
- 2 Tomaten
- 4 große grüne Salatblätter
- 50 g eingelegte dänische Gurkenscheiben
- 4 Hamburger-Brötchen mit Sesam
- 500 g Bio-Rinderhackfleisch
- 1 TL Salz
- 1 TL Pfeffer
- 5 EL Salatmayonnaise

So viel Zeit muss sein: 40 Minuten.

Mittelschwer.

SO GEHT'S:

1. Zwiebel schälen und in feine Ringe schneiden. Tomaten waschen und in Scheiben schneiden. Salat putzen, waschen und trocken schütteln. Gurken gut abtropfen lassen. Brötchen halbieren und mit den Schnittflächen auf den Grill oder in die Pfanne legen, kurz rösten.

2. Hack mit Salz und Pfeffer würzen. In 4 Portionen teilen, jede Hackportion zu einer flachen Frikadelle formen. Auf den Grill oder in die Pfanne legen und von jeder Seite 3–4 Minuten grillen.

3. Brötchenschnittflächen mit Mayonnaise bestreichen. Mit Salatblättern, Frikadellen, Zwiebeln, Gurken und Tomaten belegen und zu einem Burger zusammensetzen. Deckel drauf – fertig!

Ein Burger ohne Barbecuesoße ist wie Yakari ohne Kleiner Donner. Hier also schnell das Rezept:

BBQ-Soße

- 2 Knoblauchzehen
- 6 EL Tomatenketchup
- 2 EL Balsamico-Essig
- 1 EL brauner Zucker
- 1 Bio-Limette
- ½ TL Cayennepfeffer
- ½ TL Tabasco
- ½ TL Paprikapulver
- Rauchsalz (es geht aber auch normales)
- Pfeffer

SO GEHT'S:

Knoblauchzehen auspressen und mit Ketchup, Balsamico und Zucker verrühren. Die Limette auspressen und ebenfalls gründlich mit den anderen Zutaten verrühren. Zum Schluss noch die Gewürze hinzufügen und nach Geschmack nachwürzen.

GEFÜLLTE HÄHNCHENFILETS
MIT GRILLTOMATEN

DU BRAUCHST FÜR 4 PERSONEN:

- 4 Hähnchenfilets (ca. 600 g)
- 2–3 Stiele Basilikum
- 2–3 Stiele glatte Petersilie
- 3–4 Stiele Oregano (oder 1 TL getrockneten Oregano)
- 125 g Mozzarella
- 4 Rouladennadeln oder Holzspießchen
- 4 mittelgroße Tomaten
- Salz
- Pfeffer
- 20 g geriebenen Parmesankäse
- 4 EL Öl
- Alufolie oder Grillschale

 So viel Zeit muss sein: 45 Minuten.

 Einfach.

SO GEHT'S:

1. Hähnchenfilets waschen, trocken tupfen und der Länge nach eine sogenannte »Tasche« hineinschneiden. Dafür einfach mit dem Messer quer in das Fleisch schneiden. Lass dir am besten von einem Erwachsenen helfen.

2. Kräuter waschen, trocken schütteln und die Blättchen abzupfen. Falls du frischen Oregano nimmst: Oreganoblättchen hacken und beiseitestellen. Mozzarella in 8 Scheiben schneiden.

3. Ganze Kräuterblättchen und jeweils 2 Mozzarellascheiben in jedes Hähnchenfilet geben und zustecken. Kalt stellen.

4. Tomaten waschen, halbieren und mit Salz und Pfeffer würzen. Mit Oregano und Parmesan bestreuen und auf Alufolie oder in eine Grillschale setzen. Mit 2 EL Öl beträufeln.

5. Gefüllte Hähnchenfilets mit 1–2 EL Öl bestreichen und mit Salz und Pfeffer würzen. Auf dem Grill unter Wenden 10–12 Minuten grillen. Tomaten auf der Alufolie auf den Grill geben und garen.

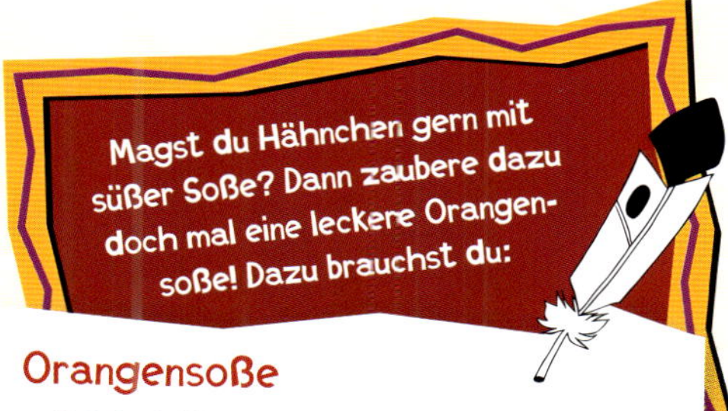

Magst du Hähnchen gern mit süßer Soße? Dann zaubere dazu doch mal eine leckere Orangensoße! Dazu brauchst du:

Orangensoße

- 2 Schalotten
- 2–3 Knoblauchzehen
- 1 EL Öl
- 150 ml frisch gepressten Orangensaft
- 1–2 EL Orangenmarmelade
- ½ TL Speisestärke
- 2 EL Sojasoße

SO GEHT'S:

Schalotten und Knoblauch schälen. Schalotten fein würfeln, Knoblauch durch eine Knoblauchpresse drücken. Öl in einem kleinen Topf erhitzen, Schalotten und Knoblauch anschwitzen. Orangensaft und Marmelade zufügen, aufkochen. 5 Minuten köcheln lassen. Stärke und 1–2 EL kaltes Wasser verrühren, in die Soße geben, 1 Minute köcheln lassen. Mit Sojasoße abschmecken – fertig!

BRATWÜRSTCHEN IM TORTILLA-HEMD

DU BRAUCHST FÜR 4 PERSONEN:

- 4 Bratwürstchen
- 30 g Rauke
- 2 TL braunen Zucker
- 1/4 TL Zimt
- 4 Scheiben Ananas
- 100 ml Apfelsaft
- 100 ml Ahornsirup
- 4 kleine weiche Weizen-Tortillas
- 2 EL milden Senf
- 2 EL Honig
- Holzspießchen
- Pinsel

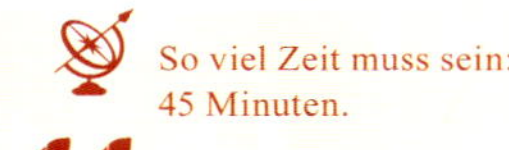

So viel Zeit muss sein: 45 Minuten.

Mittelschwer.

SO GEHT'S:

1. Bratwürste mehrfach schräg einritzen. Auf dem vorgeheizten Grill unter Wenden ca. 10 Minuten grillen. Inzwischen Rauke putzen, waschen und trocken tupfen.

2. Zucker mit Zimt mischen. Ananas damit bestreuen und von einem Erwachsenen direkt über der Glut 1–2 Minuten grillen lassen (Achtung, heiß!), sodass die Ananas karamellisiert. Vom Grill nehmen und in Streifen schneiden.

3. Apfelsaft mit Ahornsirup verrühren. Bratwürste ca. 2 Minuten vor Ende der Garzeit mit der Apfel-Ahornsirup-Mischung bepinseln und 1–2 Minuten karamellisieren lassen.

4. Tortilla-Fladen von einer Seite mit Wasser, von der anderen mit der Apfel-Ahornsirup-Mischung bestreichen. Von jeder Seite ca. 15 Sekunden grillen.

5. Senf mit Honig verrühren. Fladen mit Honig-Senf-Soße bestreichen, mit etwas Rauke und Ananasstreifen belegen und anschließend die Bratwurst in die Mitte geben. Tortilla fest einrollen und schräg halbieren, eventuell mit Holzspießchen feststecken.

Eine Tortilla

ist ein Fladenbrot, das eigentlich aus Masa Harina – einem original mexikanischen Maismehl – gebacken wird. Dieses Maismehl stellen die indigenen Völker Mexikos in einem traditionellen Zubereitungsverfahren her: Die Körner vom Mais werden viele Stunden mit sogenannten alkalischen Stoffen wie Kalk oder Holzasche gekocht, enthülst, nass zu einem Teig vermahlen und dann wieder getrocknet.

Wenn du Koriander nicht so gern magst, kannst du auch gut Petersilie für den Beilagensalat nehmen – das schmeckt anders, aber mindestens genauso gut!

GRILL-LACHS MIT SÜSSKARTOFFELN

DU BRAUCHST FÜR 4–6 PERSONEN:

- 1 Dose (580 ml) Ananas in Scheiben
- 375 g Tomaten
- 50 g Lauchzwiebeln
- 1 Bund Koriander
- 3–4 EL weißen Essig
- 2 EL braunen Zucker
- Salz
- 500–600 g Süßkartoffeln
- 1 Bio-Limette
- 100 g weiche Butter
- Pfeffer
- 1,2 kg Lachsfilet mit Haut
- 3–4 EL Öl zum Bestreichen

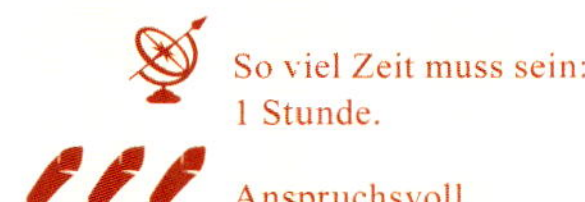

So viel Zeit muss sein: 1 Stunde.

Anspruchsvoll.

SO GEHT'S:

1. Ananas abtropfen, Saft auffangen, in kleine Würfel schneiden. Tomaten waschen, vierteln, fein würfeln. Lauchzwiebeln putzen, waschen, ebenfalls fein würfeln. Koriander waschen, trocken schütteln und Blättchen in feine Streifen schneiden.

2. Essig erwärmen und mit Zucker verrühren, bis sich dieser aufgelöst hat. Etwas Salz unterrühren. Marinade mit Ananas, Tomaten, Lauchzwiebeln und Koriander mischen, 30 Minuten durchziehen lassen. Kurz vor dem Servieren noch mal abschmecken.

3. Süßkartoffeln schälen, in dicke Scheiben schneiden und in kochendem Salzwasser 5 Minuten vorkochen. Abtropfen und auskühlen lassen.

4. Limette gründlich waschen und die Schale fein abreiben. ½ Limette auspressen und 1 EL Saft abmessen. Butter, Limettenschale, 1 EL Limettensaft, etwas Salz und Pfeffer verrühren.

5. Lachsfilet waschen, trocken tupfen und in 6–8 Stücke schneiden. Fleischseite dünn mit Öl bestreichen, leicht salzen und pfeffern. Lachs mit der Fleischseite zuerst auf den Grill legen und ca. 4 Minuten grillen. Dann wenden, auf der Hautseite ebenfalls ca. 4 Minuten grillen. Nebenbei Süßkartoffeln leicht mit Öl bestreichen und unter Wenden ca. 5 Minuten grillen.

6. Lachs vom Grill nehmen und die Limettenbutter auf den heißen Lachstückchen verteilen. Gegrillte Süßkartoffeln und Ananas-Tomaten-Salat dazureichen.

KRÄUTER-FISCHFILET MIT ZITRONENBUTTER

DU BRAUCHST FÜR 4 PERSONEN:

- 1 Bio-Zitrone
- 100 g weiche Butter
- Salz
- 2 Salatgurken
- frisch gemahlenen Pfeffer
- ½ Bund Dill
- 4 Fischfilets (je 150 g, z. B. Kabeljau- oder Seelachsfilet)
- ½ Bund Kerbel
- ½ Bund glatte Petersilie
- 1 EL Olivenöl
- 1 TL Öl zum Bestreichen
- Alufolie

So viel Zeit muss sein: 40 Minuten.

Mittelschwer.

SO GEHT'S:

1. Zitrone gründlich abwaschen. Von ⅓ die Schale dünn abreiben. Butter, Salz und Zitronenschale mit den Schneebesen des Handrührgerätes gut verrühren. Masse auf ein Stück Backpapier geben und zu einer Rolle (etwa 2,5 cm Ø) formen und kalt stellen. Den Rest der Zitrone in dünne Scheiben schneiden, Scheiben halbieren.

2. Gurken abspülen, trocken reiben und in dünne Scheiben hobeln. Mit Salz und Pfeffer würzen.

3. Dill abspülen, trocken tupfen, Fähnchen abzupfen und klein schneiden. Die Hälfte unter die Gurkenscheiben mischen. Gurkensalat mindestens 15 Minuten stehen lassen.

4. 4 Stücke Alufolie (je etwa 30 cm Länge) in der Mitte dünn mit Öl bestreichen. Fischfilets abspülen, trocken tupfen. Eventuell Gräten entfernen – lass dir dabei von einem Erwachsenen helfen. Mit Salz und Pfeffer bestreuen und mit den Zitronenscheiben auf die Alufolie legen.

5. Kerbel und Petersilie abspülen, trocken tupfen, die Blätter abzupfen, hacken, mit dem restlichen geschnittenen Dill mischen und auf die Fischfilets verteilen. Alufolie über den Fischfilets verschließen. Päckchen auf den Rost des Grills legen. Bei schwacher Hitze 8–12 Minuten garen.

6. Gurkensalat mit Olivenöl, Salz und Pfeffer abschmecken. Butter in Scheiben schneiden. Fischfilet in der Alufolie mit Zitronenbutter und Gurkensalat auf Tellern anrichten.

Frische Kräuter schmecken super, sind gesund und bringen einen wunderbaren Duft ins Haus! Wie du selbst ganz einfach einen kleinen Kräutergarten anlegst, erfährst du auf Seite 141.

PFEIL-
SCHNELL
!

KNOBI-KÄSE-BROT

DU BRAUCHST FÜR 12 SCHEIBEN:

- 1 Baguette (etwa 30 cm lang)
- 1–2 TL Öl
- 1 große Knoblauchzehe
- 125 g Mozzarella
- Salz
- frisch gehackte Kräuter nach Geschmack

So viel Zeit muss sein: 15 Minuten.

Einfach.

SO GEHT'S:

1. Baguette in ca. 12 Scheiben schneiden. Oberfläche mit etwas Öl bestreichen. Baguettescheiben auf den Grill legen und portionsweise unter Wenden 2 Minuten grillen, dann herunternehmen. Knoblauchzehe halbieren und über die Oberflächen reiben.

2. Mozzarella raspeln und auf die Brotscheiben verteilen. Mit etwas Salz würzen und erneut ca. 5 Minuten auf dem Grill überbacken, bis der Käse leicht geschmolzen ist.

3. Baguettescheiben vom Grill nehmen und nach Geschmack mit frischen gehackten Kräutern bestreuen. Baguettescheiben am besten noch warm servieren.

Joghurt-Remoulade-Dip

- 1 Bio-Ei
- einige Halme Schnittlauch
- 200 g Vollmilch-Joghurt
- 200 g Remoulade aus dem Glas
- Salz
- Pfeffer

SO GEHT'S:

Das Ei ca. 10 Minuten hart kochen, dann abschrecken. Schnittlauch waschen und in feine Röllchen schneiden. Joghurt mit Remoulade verrühren und mit Salz und Pfeffer abschmecken. Das Ei in Scheiben schneiden, 1 Scheibe zum Verzieren zur Seite legen, den Rest in Würfel schneiden und unter den Dip rühren. In ein Schälchen füllen, garnieren – fertig!

GRILLKARTOFFELN

DU BRAUCHST FÜR 6 PERSONEN:

- 6 kleine Backkartoffeln
- 3 Stiele Petersilie
- ½ Bund Schnittlauch
- 100 g Gouda
- 2 Scheiben Frühstücksspeck
- 2 Lauchzwiebeln
- 1 TL Butter
- Salz
- Pfeffer
- Alufolie
- Grill mit Abdeckhaube

So viel Zeit muss sein: 1 Stunde.

Einfach.

Wenn ihr einen Grill mit einer Abdeckhaube habt, kannst du zwischen zwei Garmethoden wählen: dem **direkten** und dem **indirekten Grillen**. Was bedeutet das?

Direktes Grillen bedeutet: Der Deckel ist geöffnet und die vom Grill erzeugte hohe Hitze gelangt ohne Umwege direkt von unten auf das Grillgut. Durch die hohen Temperaturen verschließen sich die Poren im Grillfleisch innerhalb ganz kurzer Zeit. Das ist also besonders gut bei Fleisch mit kurzen Garzeiten wie Steaks und Koteletts.

Beim indirekten Grillen ist der Deckel geschlossen. Das Grillgut wird dadurch schonender zubereitet und kann nicht so schnell verbrennen.

SO GEHT'S:

1. Kartoffeln gründlich waschen und in je ein Stück Alufolie wickeln. Auf den Grill legen und etwa 40 Minuten grillen, bis die Kartoffel weich ist.

2. Kräuter waschen, trocken schütteln. Petersilienblätter von den Stielen zupfen und fein schneiden. Schnittlauch in Röllchen schneiden. Käse raspeln. Frühstücksspeck würfeln. Lauchzwiebeln putzen, waschen und in Ringe schneiden.

3. Kartoffeln vom Grill nehmen, auswickeln – Vorsicht: heiß! – und das obere Viertel von jeder Kartoffel (Längsseite) abschneiden. Kartoffel aushöhlen, dabei einen 6 mm dicken Rand lassen. Kartoffelinneres mit einer Gabel in einer Schale zerdrücken und mit Petersilie, Schnittlauch, Käse und Butter vermengen. Mit Salz und Pfeffer abschmecken. Mischung zurück in die Kartoffeln füllen.

4. Kartoffeln im geschlossenen Grill 2 Minuten überbacken, bis der Käse etwas geschmolzen ist. Vom Grill nehmen, mit Speck und Lauchzwiebeln bestreuen.

POLENTA-POMMES

DU BRAUCHST FÜR 4 PERSONEN:

- 1 EL Butter
- Salz
- 300 g Maisgrieß (Polenta)
- Pfeffer
- geriebene Muskatnuss
- 75 g geriebenen Parmesankäse
- 1 Knoblauchzehe
- 200 g Salat-Mayonnaise
- 250 g Crème fraîche
- 2 EL mildes Ajvar (Mus aus Paprika und Auberginen, gibt's im türkischen Gemüseladen)
- 50 g Mehl
- 100 ml Öl
- Öl für die Fettpfanne
- Küchenpapier

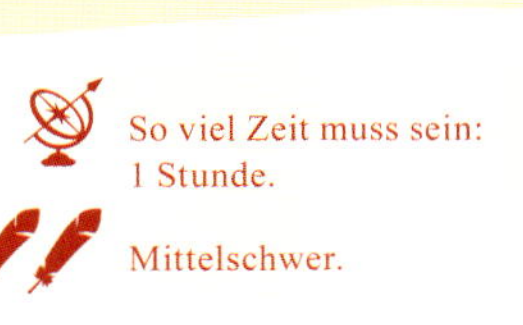

So viel Zeit muss sein: 1 Stunde.

Mittelschwer.

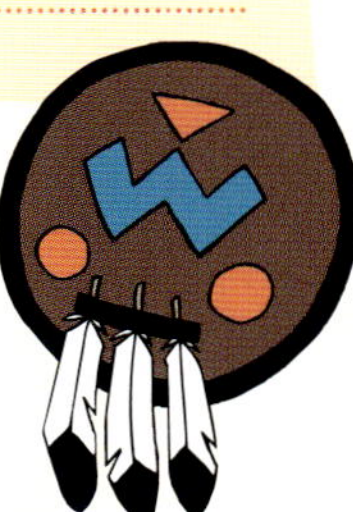

Die Polenta-Pommes kannst du zwar nicht grillen, aber sie passen super zum Burger von Seite 14 oder den Hähnchenfilets von Seite 16. Dazu schmeckt außerdem ein grüner Salat. Für den kannst du übrigens als Dressing auch den Joghurt-Remoulade-Dip von Seite 25 nehmen. Probier's doch mal aus!

SO GEHT'S:

1. 800 ml Wasser, Butter und 1 TL Salz in einem Topf aufkochen, 250 g Maisgrieß einrühren. Herdplatte ausstellen, Polentamasse etwa 12 Minuten ausquellen lassen. Mit Pfeffer und Muskat abschmecken. Parmesan untermengen.

2. Masse auf eine geölte Fettpfanne geben. Mit den Händen gleichmäßig zu einem Rechteck (ca. 21 × 30 cm) drücken. Auskühlen lassen.

3. Für einen Dip Knoblauch schälen und durch eine Knoblauchpresse drücken. Mit Mayonnaise verrühren. Mit Pfeffer würzen.

4. Für den zweiten Dip Crème fraîche und Ajvar verrühren, mit Salz und Pfeffer abschmecken.

5. Maisgrießplatte in ca. 1,5 × 6 cm große Stifte schneiden. Mehl und 50 g Grieß mischen. Polentastifte darin wenden, danach etwas abklopfen.

6. Öl in einer Pfanne erhitzen. Polenta-Pommes portionsweise unter Wenden 3 Minuten braten. Auf Küchenpapier abtropfen lassen. Dips dazureichen.

GEGRILLTER MAIS MIT KRÄUTERBUTTER

DU BRAUCHST FÜR 6 PERSONEN:

- 1 EL + etwas Zucker
- 6 Maiskolben
- 1 Bund gemischte Kräuter (z. B. Petersilie, Schnittlauch, Thymian)
- 2 Knoblauchzehen
- 100 g Butter
- Salz
- Pfeffer
- 1 Grillschale
- Zitronenscheiben und Kräuter zum Garnieren

So viel Zeit muss sein: 50 Minuten.

Einfach.

SO GEHT'S:

1. 2 Liter Wasser und 1 EL Zucker in einem großen Topf zum Kochen bringen. Maiskolben putzen und zugedeckt im kochenden Wasser 30 Minuten leicht köcheln.

2. Kräuter waschen, trocken schütteln. Etwas zum Garnieren beiseitelegen. Blättchen von den Stielen zupfen und hacken. Knoblauch schälen und hacken. Butter, Kräuter und Knoblauch verrühren, kräftig mit Salz, Pfeffer und Zucker würzen.

3. Mais herausnehmen, gründlich abtropfen lassen, je nach Größe halbieren oder dritteln. Mais auf dem Grill in einer Grillschale rundherum ca. 10 Minuten grillen, dabei immer wieder mit Kräuterbutter bestreichen.

4. Mais anrichten, mit Zitronenscheiben und Kräutern garnieren. Übrige Butter dazureichen.

Mais

war eine der wichtigsten Pflanzen der Indianer. Das Wort »Mais« geht auf die Taíno, einen karibischen Stamm, zurück. In der Sprache der Dakota heißt Mais Mondamin. Mehr als 500 Sorten waren den Indianern bekannt, in den unterschiedlichsten Farben. Stell dir vor, es gab nicht nur weißen und gelben Mais, sondern auch roten, schwarzen, grünen, blauen – den Hopi-Mais – und sogar gefleckten! Bei allen Indianern war Mais nicht nur Nahrungspflanze, sondern galt als heilig. Es gab sogar einen Maisgott. Das Fest des Grünen Maises namens busk wird heute noch bei dem Stamm der Creek gefeiert.

PFEIL-
SCHNELL
!

KÄSE-SCHINKEN-TORTILLAS VOM GRILL

DU BRAUCHST FÜR 6 PERSONEN:

- 1 Dose Gemüsemais
- 3 rote Zwiebeln
- ½ Bund Rauke
- 6 weiche Weizen-Tortillas
- 180 g geriebenen Gouda
- 6 Scheiben gekochten Schinken
- Holzspießchen

So viel Zeit muss sein: 30 Minuten.

Einfach.

SO GEHT'S:

1. Mais abgießen. Zwiebeln schälen, halbieren und in dünne Ringe schneiden. Rauke putzen, waschen und trocken schleudern.

2. Tortillas auf dem Grill kurz von beiden Seiten angrillen oder auf dem Backblech ausbreiten und im vorgeheizten Backofen (E-Herd: 200 °C/Umluft: 175 °C/ Gas: Stufe 3) ca. 2 Minuten erwärmen.

3. Erst Käse, dann Mais und Zwiebeln gleichmäßig auf den Tortillas verteilen, mit einer Scheibe Schinken belegen. Einige Stiele Rauke in die Mitte legen. Die untere Seite der Tortillas ca. 4 cm hochklappen und dann von der Seite her aufrollen. Naht mit einem Holzspießchen feststecken.

4. Mit der Nahtseite nach unten auf den Grill legen und kurz andrücken. 6–8 Minuten grillen, bis der Käse geschmolzen ist. Nach der Hälfte der Garzeit wenden. Warm servieren.

Du kannst die Tortillas auch statt des Schinkens mit Hackfleisch füllen, das du vorher in einer Pfanne mit den Zwiebeln anbrätst. Für die oben angegebene Menge benötigst du etwa 600 g Rinderhackfleisch.

MARSHMALLOW-COOKIES

DU BRAUCHST FÜR 8 STÜCK:

- 2 Packungen (je 8 Stück) Cookies mit Schokoladenstückchen
- 4 TL Nuss-Nougat-Creme
- 8 Marshmallows
- Öl für die Spieße

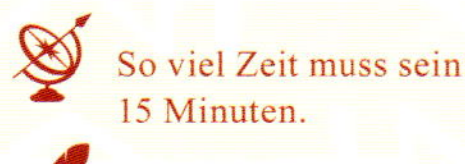

So viel Zeit muss sein: 15 Minuten.

Einfach.

SO GEHT'S:

1. Die Hälfte der Cookies mit je ½ TL Nuss-Nougat-Creme bestreichen.
2. Marshmallows auf eingeölte Metall-Schaschlikspieße stecken und unter Wenden vorsichtig grillen (Achtung: Marshmallows verbrennen schnell!).
3. Die fertigen Marshmallows auf die vorbereiteten Cookies verteilen. Die übrigen Cookies als Deckel obendrauf legen und das Kekssandwich dabei leicht zusammendrücken.

Marshmallows

bestehen aus Zucker, Eischnee, Geliermittel und Aromastoffen. Früher allerdings wurden sie aus der Heilpflanze Eibisch hergestellt. Die Wurzeln des Eibischs sondern nämlich eine klebrige, weiße Substanz ab. Erst Ende des 20. Jahrhunderts wurde dann Gelatine benutzt. Marshmallows kennen wir überwiegend aus den USA, wo sie sehr beliebt sind – allerdings eher bei Cowboys als bei Indianern.

FÜR
BLEICH-
GESICHTER

GEGRILLTES OBST
MIT JOGHURT-SAHNE UND VANILLE-EIS

DU BRAUCHST FÜR 6 PERSONEN:

- 150 g Zartbitter-Schokolade
- 400 g Schlagsahne
- 300 g Vollmilch-Joghurt
- 5 EL Zucker
- 60 g Amarettini (italienische Mandelkekse)
- 2 EL Honig
- 25 g weiche Butter
- 3 Nektarinen
- 3 Bananen
- 2 EL Zitronensaft
- 3 EL Ahornsirup
- 1 Ananas
- 6 Kugeln Vanilleeis
- Minzeblättchen zum Verzieren
- 2 Grillschalen
- Alufolie

So viel Zeit muss sein: 45 Minuten.

Mittelschwer.

Hast du Lust, das Rezept mal mit anderen Obstsorten auszuprobieren? Dann nimm doch mal Feigen, Maracujas, Äpfel oder Birnen. Auch Orangen oder Pflaumen eignen sich gut! Benutze aber lieber immer eine Grillschale – wenn Fruchtsaft in die Kohle tropft, könnte es gefährlich spritzen.

SO GEHT'S:

1. Schokolade hacken. 200 g Sahne erhitzen, vom Herd ziehen. Schokolade darin schmelzen, glatt rühren.

2. Joghurt mit 2 EL Zucker verrühren. 200 g Sahne steif schlagen, unterheben, kalt stellen.

3. Amarettini grob zerbröseln. Mit Honig und Butter verkneten. Nektarinen waschen, halbieren, Steine herauslösen. In einer Grillschale auf Alufolie setzen, Amarettinimasse in der Mitte verteilen. Mit Alufolie verschließen. Auf dem heißen Grill 20–25 Minuten garen.

4. Bananen schälen, schräg in breite Scheiben schneiden. In eine weitere Grillschale geben, mit Zitronensaft und Ahornsirup beträufeln. Von der Ananas den Strunk abschneiden. Ananas schälen, in Scheiben schneiden, das holzige Innere ausstechen, mit Zitronensaft und Ahornsirup beträufeln. Zu den Bananenscheiben legen. Bananen und Ananas 5–6 Minuten grillen, dabei einmal vorsichtig wenden.

5. Obst aus den Grillschalen herausnehmen, auf 6 Tellern anrichten. Ananas mit 3 EL Zucker bestreuen. Joghurt-Sahne, Schokosoße und Vanilleeis dazureichen. Mit Minze verzieren.

PICKNICK
AM FLUSS DES
VERGESSENS
Häuptlings-Frikadellen
und Nanaboso-Sticks
für unterwegs

PFEIL-
SCHNELL
!

SCHINKEN-ECKEN

DU BRAUCHST FÜR 8 ECKEN:

- 4 kleine Römersalat-Blätter
- 1 Tomate (ca. 120 g)
- 125 g Mozzarella
- 4 Toastscheiben
- 4 TL grünes Pesto
- 120 g Serrano-Schinken

So viel Zeit muss sein: 15 Minuten.

Einfach.

Du kannst die Sandwich-Ecken natürlich mit allem Möglichen belegen: Köstlich schmeckt statt Schinken und Mozzarella auch Hähnchenbrustfilet mit Scheiben von hart gekochten Eiern obendrauf. Oder die Fischvariante mit Thunfisch-creme – dafür 4 Tomaten, 1 Zwiebel, 250 g Remoulade und 2 Dosen Thunfisch im eigenen Saft in einem Mixer pürieren, salzen und pfeffern. Lecker!

SO GEHT'S:

1. Salatblätter putzen, waschen und trocken tupfen. Tomate waschen, in dünne Scheiben schneiden. Mozzarella abtropfen lassen und in dünne Scheiben schneiden.

2. Brotscheiben mit dem Pesto bestreichen. 2 Scheiben mit Mozzarella, Tomate, Salat und Schinken belegen. Die übrigen Scheiben darauflegen.

3. Brote diagonal halbieren und in einer Frischhaltedose verpacken. Beim Picknick nochmals halbieren.

CAESAR-SALAD-WRAPS

DU BRAUCHST FÜR 16 STÜCK:

- 4 Bio-Hähnchenbrustfilets
- 2 EL Öl
- Salz
- schwarzen Pfeffer
- 2 Ciabattabrötchen
- 2 TL getrocknete italienische Kräuter
- 50 g Butter
- 1 großen Kopf Römersalat
- 300 g Salat-Mayonnaise (50 % Fett)
- 100 ml Milch
- 2 EL weißen Essig
- 8 weiche Weizen-Tortillas
- 100 g geriebenen Parmesan
- Pergamentpapier

So viel Zeit muss sein: 45 Minuten.

Mittelschwer.

SO GEHT'S:

1. Hähnchenbrüste längs in 2 Streifen schneiden. Öl in einer Pfanne erhitzen. (Das könnte spritzen – lass dir am besten von einem Erwachsenen helfen!) Fleisch darin bei schwacher Hitze von jeder Seite 3–4 Minuten braten. Mit Salz und Pfeffer würzen, herausnehmen, auskühlen lassen.

2. Brötchen in große Würfel schneiden. In einer Pfanne ohne Fett anrösten. Kräuter und Butter zugeben, unter Wenden mitrösten, bis die Butter geschmolzen ist. Abkühlen lassen.

3. Salat putzen, waschen, gut abtropfen lassen, in breite Streifen schneiden. Mayonnaise mit Milch und Essig glatt rühren. Mit Salz und Pfeffer abschmecken.

4. Eine Pfanne ohne Fett erhitzen. Jede Tortilla von jeder Seite 15–20 Sekunden erwärmen, herausnehmen. Salat auf den Tortillas verteilen. Je einen Hähnchenstreifen darauflegen. Parmesan und Brotwürfel darüberstreuen und Soße darüberträufeln.

5. Tortillas zu festen Rollen aufrollen und fest in Pergamentpapier einschlagen. Kurz vor dem Servieren je einmal quer halbieren.

Wusstest du, dass das Wort **»Wrap«** aus dem Englischen kommt und »einwickeln« oder »einpacken« heißt? Genau dieses Einwickeln steht bei deinem Picknick-Wrap im Mittelpunkt: Du solltest die Füllung wirklich fest einrollen! Sonst fällt der Wrap beim Essen auseinander – und das ist eine ganz schöne Kleckerei.

Die Barbecuesoße von Seite 14 schmeckt wunderbar zu diesen herzhaften Küchlein! Oder du mischst ein bisschen Schmand mit Paprikapulver und reichst ihn zu den ofenwarmen Muffins – mmmh! Für die Veggie-Variante lässt du einfach die Salamiwürfel weg und streust ein wenig geriebenen Käse auf die Muffins.

PIZZA-MUFFINS

DU BRAUCHST FÜR 12 MUFFINS:

- 1 Knoblauchzehe
- je ½ rote und grüne Paprikaschote
- 1 Dose Gemüsemais
- 100 g Gouda
- 4 Bio-Eier (Größe M)
- 100 g Schmand
- 100 ml Olivenöl
- 200 g Mehl
- 1 Päckchen Backpulver
- Salz
- Pfeffer
- 50 g Salami in dünnen Scheiben
- Papier-Backförmchen für Muffins

So viel Zeit muss sein:
1 Stunde.

Mittelschwer.

SO GEHT'S:

1. Knoblauch schälen und fein hacken. Paprika putzen, waschen und in feine Würfel schneiden. Mais in einem Sieb gut abtropfen lassen. Käse grob raspeln.

2. Eier, Schmand und Öl mit den Schneebesen des Handrührgerätes cremig rühren. Mehl, Backpulver, 1 TL Salz und Pfeffer mischen. Alle Zutaten verrühren und in die mit Backförmchen ausgelegten Mulden eines Muffinsblechs verteilen. Salami in Würfel schneiden und auf den Muffins verteilen.

3. Im vorgeheizten Backofen (E-Herd: 175 °C / Umluft: 150 °C / Gas: Stufe 2) 25–30 Minuten backen. Muffins 10 Minuten im Blech ruhen lassen, vorsichtig aus den Mulden lösen und auf einem Kuchengitter auskühlen lassen.

SESAMBRÖTCHEN MIT LACHSFÜLLUNG

DU BRAUCHST FÜR 9 PERSONEN:

Für den Brötchenteig:

- 650 g Weizenmehl Typ 1050
- 1 Päckchen Trockenhefe
- 1 ½ TL Salz
- 2 EL Zucker
- 300 ml lauwarmes Wasser

Außerdem:

- 1 Ei
- 1 EL Sesam
- 150 g Räucherlachs
- 200 g Frischkäse
- 2 EL gehackten Dill
- Schale von ½ Bio-Zitrone
- frisch gemahlenen Pfeffer
- 1 Salatgurke

So viel Zeit muss sein:
1 Stunde.
Wartezeit: 1 Stunde 10 Minuten.

Mittelschwer.

SO GEHT'S:

1. Alle Zutaten für den Brötchenteig in eine Schüssel geben und mit den Knethaken des Handrührgeräts verrühren. Anschließend mit den Händen gut durchkneten, bis der Teig schön geschmeidig ist. Den Teig mit einem Tuch abdecken, an einem warmen Ort 40 Minuten gehen lassen. Danach noch einmal 5 Minuten durchkneten, in gleichgroße Stücke teilen und zu Kugeln formen.

2. Auf einem gefetteten Backblech in drei Reihen so anordnen, dass sich die Kugeln gerade so berühren. Zugedeckt gehen lassen, bis die Kugeln doppelt so groß sind und sich miteinander verbunden haben. Mit verquirltem Ei bestreichen, mit Sesam bestreuen. Im vorgeheizten Ofen (E-Herd: 200 °C / Umluft 175 °C / Gas: Stufe 3) etwa 30 Minuten backen. Auf einem Gitter abkühlen lassen.

3. Räucherlachs klein schneiden. Mit Frischkäse, Dill und Zitronenschale mischen. Mit Pfeffer würzen.

4. Sesambrot quer durchschneiden, untere Hälfte mit Frischkäsemischung bestreichen. Darauf Gurkenscheiben schichten. Restlichen Frischkäse auf die Schnittseite der anderen Brothälfte streichen und das Brot zusammensetzen. Beim Picknick in einzelne Brötchen brechen.

Wo wir schon beim Brötchenbacken sind: Wenn du einmal ein richtiges Indianerbrot backen willst, blättere schnell auf Seite 100 – dort findest du ein Original-Brotrezept der Navajo, dem zweitgrößten indianischen Volk in den Vereinigten Staaten.

Die Indianer hätten für dieses Gericht Fleisch vom Büffel genommen – das viel weniger Fett hat als »normales« Rindfleisch. Der Büffel war das Allzwecktier der Prärie! Alles, was nicht gegessen wurde, verwendeten die Indianer auf andere Weise. Willst du mehr darüber wissen? Dann schau mal auf Seite 133!

HÄUPTLINGS-FRIKADELLEN
MIT TEIGRÖLLCHEN

DU BRAUCHST FÜR 4–6 PERSONEN:

Aus dem türkischen Gemüseladen:

- 1 Packung (250 g) Strudelteigblätter Filo- oder Yufkateig
- 10 TL mildes Ajvar (Mus aus Paprika und Auberginen)
- 2 EL Tahin (Sesampaste)
- schwarze Sesamsaat zum Bestreuen

Außerdem:

- 1 ½ Bund Petersilie
- 500 g Schafskäse (Feta)
- 250 g Schmand
- Salz & Pfeffer
- 50 g Weißbrot (vom Vortag)
- 1 Zwiebel
- 1 Knoblauchzehe
- 600 g Bio-Rinderhackfleisch
- 1 Bio-Ei (Größe M)
- 1 EL Tomatenmark
- 150 g Vollmilch-Joghurt
- Öl zum Bestreichen
- Backpapier

So viel Zeit muss sein: 1 ½ Stunden.

Anspruchsvoll.

SO GEHT'S:

1. Die Teigblätter bei Raumtemperatur 10 Minuten ruhen lassen. Petersilie waschen, trocken schütteln, fein hacken. Die Hälfte für die Frikadellen beiseitestellen. Schafskäse in eine Schüssel bröckeln. Schmand und Petersilie zugeben, mit Pfeffer würzen, alles verrühren.

2. Ein feuchtes Tuch auf der Arbeitsplatte ausbreiten, ein trockenes darüberlegen. Teigblätter auf den vorbereiteten Tüchern entrollen. Nacheinander je 1 Teigblatt mit etwas Öl bestreichen. Je 1 TL Ajvar in einer dünnen Linie auf dem unteren Rand verteilen. Schafskäsecreme in einem 1 cm dicken Strang darauf verteilen. Seitliche Ränder darüberschlagen, alles aufrollen. Mit den anderen Teigblättern und der Füllung ebenso verfahren.

3. Auf zwei mit Backpapier ausgelegten Backblechen verteilen. Mit Öl bestreichen und mit Sesam bestreuen. Nacheinander im vorgeheizten Backofen (E-Herd: 200 °C / Umluft: 175 °C / Gas: Stufe 3) ca. 10 Minuten backen, herausnehmen. Kurz vorm Servieren die Teigröllchen bei gleicher Temperatur weitere 5–8 Minuten backen.

4. Für die Frikadellen Brot in kaltem Wasser einweichen. Zwiebel und Knoblauch schälen, fein würfeln. Brot gut ausdrücken. Hack mit Zwiebel, Knoblauch, Brot, Ei, Tomatenmark und Petersilie verkneten. Mit 1 TL Salz und etwas Pfeffer würzen. Ca. 12 ovale Frikadellen formen. Auf dem heißen Grill unter mehrmaligem Wenden 8–10 Minuten garen.

5. Joghurt mit Tahin-Paste verrühren, mit Salz und Pfeffer würzen. Die Frikadellen mit Tahin-Soße servieren und mit der restlichen Petersilie garnieren. Teigröllchen dazu – fertig!

HÄHNCHENKEULEN MIT PAPRIKA-DIP

DU BRAUCHST FÜR 6–8 PERSONEN:

- 24 Hähnchenunterkeulen vom Bio-Huhn
- Salz
- Pfeffer
- Edelsüß-Paprika
- 1 Zwiebel
- 1 Glas geröstete Paprika
- 1 Glas Gewürzgurken
- 6 EL Salat-Mayonnaise
- 10 EL Tomatenketchup
- 24 Streifen (3 x 15 cm) Butterbrotpapier
- Küchengarn

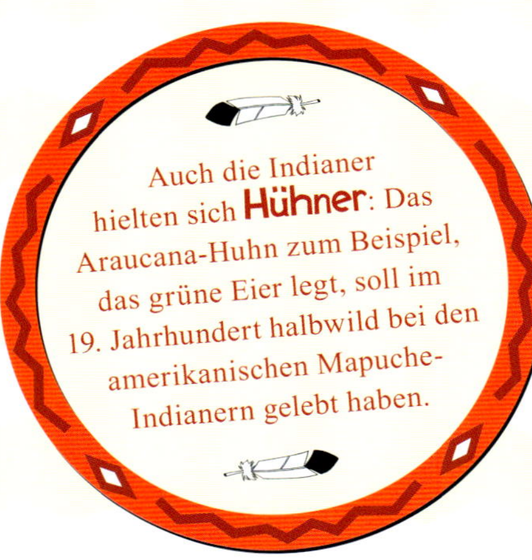

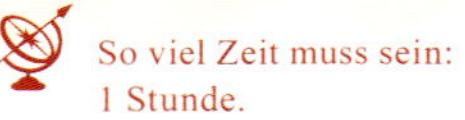

Einfach.

Achtung, heiß! Lass die Keulen erst ein wenig abkühlen, bevor du die Knöchelchen mit Papier umwickelst.

SO GEHT'S:

1. Keulen waschen, trocken tupfen und mit Salz, Pfeffer und Paprika würzen. In die Fettpfanne des Backofens legen. Im vorgeheizten Backofen (E-Herd: 200 °C / Umluft: 175 °C / Gas Stufe 3) 40–50 Minuten garen.

2. Inzwischen für den Paprika-Dip Zwiebel schälen. Paprika, Zwiebel und Gurken in feine Würfel schneiden. Mit Mayonnaise und Ketchup verrühren.

3. Hähnchenkeulen aus dem Ofen nehmen. Dünne Enden der Keulen mit Papier umwickeln und mit Küchengarn festknoten. In einer Schale anrichten, Dip dazureichen.

MINI-SCHNITZEL

DU BRAUCHST FÜR 6–8 PERSONEN:

- 4 Stiele Petersilie
- 4 Bio-Putenschnitzel (à ca. 175 g)
- 2 Bio-Eier (Größe M)
- Salz
- Pfeffer
- 4 EL Mehl
- ca. 100 g Paniermehl
- 6–8 EL Öl
- Frischhaltefolie
- 1/2 Bio-Zitrone

So viel Zeit muss sein: 20 Minuten.

Einfach.

SO GEHT'S:

1. Petersilie waschen und die Blättchen von 2 Stielen hacken.
2. Schnitzel waschen, trocken tupfen und dritteln. Zwischen 2 Lagen Folie sehr dünn klopfen. Eier verschlagen und kräftig mit Salz und Pfeffer würzen. Schnitzel nacheinander zuerst in Mehl, dann Ei und dann Paniermehl wenden.
3. Öl in einer Pfanne erhitzen und die Schnitzel portionsweise darin bei mittlerer Hitze ca. 5 Minuten braten.
4. Mit frischer Petersilie garnieren. Mit dem Saft aus der Bio-Zitrone beträufeln.

Schon vor der Ankunft der Europäer lebten in Nordamerika Millionen **Truthühner** – für die indianische Bevölkerung war das Federvieh von überragender Bedeutung: Sie aßen nicht nur das Fleisch, sondern benutzten die Federn für ihre Kleidung, die Befiederung von Pfeilen und nicht zuletzt für ihren großartigen Federschmuck!

Oberlecker zu diesen kleinen krossen Schnitzeln schmeckt Kartoffelsalat – ein tolles Rezept dafür findest du auf der nächsten Seite!

REGENBOGENS KARTOFFELSALAT

DU BRAUCHST FÜR 6–8 PERSONEN:

- 1,75 kg festkochende Kartoffeln
- 2 Zwiebeln
- 200 ml Gemüsebrühe
- 100 ml weißen Essig
- 1–1 ½ TL Salz
- Pfeffer
- 1–1 ½ TL Zucker
- 2 Bund (à ca. 275 g) Radieschen
- 1 Salatgurke
- 2 Bund Schnittlauch
- 250 g Remoulade
- 250 g Dickmilch

So viel Zeit muss sein:
1 Stunde.
Wartezeit: 1 ¾ Stunden.

Mittelschwer.

SO GEHT'S:

1. Kartoffeln gründlich waschen und in kochendem Wasser ca. 20 Minuten garen. Zwiebeln schälen, fein würfeln. Brühe, Essig, Zwiebeln, Salz, Pfeffer und Zucker aufkochen, bei schwacher bis mittlerer Hitze 8–10 Minuten köcheln lassen.

2. Kartoffeln abgießen, abschrecken, Schale abziehen. Kartoffeln in Scheiben schneiden, in eine große Schüssel geben, mit Brühe übergießen. 1 Stunde ziehen lassen, dabei vorsichtig dreimal umrühren.

3. Radieschen putzen, waschen und, bis auf ein Radieschen, vierteln. Gurke waschen, schälen, längs vierteln und in Stücke schneiden. Schnittlauch waschen, trocken schütteln, in Röllchen schneiden.

4. Gurke, Radieschen und Schnittlauch, bis auf 1 EL zum Bestreuen, vorsichtig unter die Kartoffeln heben. Remoulade und Dickmilch verrühren, unter die Kartoffeln mischen. 45 Minuten ziehen lassen. Salat in einer Schale mit Schnitt-lauch bestreut und Radieschen garniert anrichten.

Kartoffelsalat schmeckt auch ohne »weiße Soße«!

Dressing

- 2 TL Senf
- 3 TL Zucker
- 100 ml Gurkenflüssigkeit (die Gurken aus dem Glas schnippelst du statt der Salatgurke in den Salat)
- 50 ml weißen Essig
- 100 ml Sonnenblumenöl

SO GEHT'S:

Alles mischen, gut schütteln – und nach dem Vermengen der Zutaten bei Schritt 4 über den Salat gießen. Lecker!

DER KLASSIKER AUF INDIANISCH !

NUDELSALAT DER WILDNIS

DU BRAUCHST FÜR 8–10 PERSONEN:

- 500 g Makkaroni
- Salz
- 2–3 EL Olivenöl
- je 1 grüne, gelbe und rote Paprikaschote
- 1 Bund Lauchzwiebeln
- 1 große Knoblauchzehe
- 150 g Frühstücksspeck in Scheiben
- 150 g Barbecuesoße (am besten die selbst gemachte von Seite 14! Gibt's aber auch fertig im Supermarkt)
- 300 g Vollmilch-Joghurt
- Edelsüß-Paprika

So viel Zeit muss sein: 30 Minuten.

Einfach.

SO GEHT'S:

1. Nudeln in kochendem Salzwasser nach Packungsanweisung zubereiten, in ein Sieb schütten, mit kaltem Wasser abschrecken, in eine große Schüssel umfüllen, mit Öl beträufeln und beiseitestellen.

2. Paprikaschoten putzen, waschen, in Würfel schneiden. Lauchzwiebeln putzen, waschen, in Ringe schneiden. Knoblauch schälen und fein würfeln.

3. Speck portionsweise in einer beschichteten Pfanne ohne Fett kross braten, herausnehmen, auf einem Küchenpapier abtropfen lassen, grob zerbröseln und zu den restlichen Zutaten geben.

4. Barbecuesoße mit Joghurt verrühren und mit Paprikapulver abschmecken. Ebenfalls zum Salat geben und vermengen.

Nudelsalat-Klassiker

- 500 g Makkaroni
- Salz
- 2–3 EL Olivenöl
- 150 g Erbsen (tiefgefroren)
- 150 g Gouda
- 150 g Schinken
- 3 Gurken aus dem Glas
- 150 g Mais
- 300 g Vollmilch-Joghurt
- 150 g Salatcreme

SO GEHT'S:

Nudeln wie bei Schritt 1 kochen. Erbsen kochen. Gouda, Schinken und Gurken klein schneiden, alles mit dem Mais zu den Nudeln geben. Joghurt und Salatcreme unterrühren – fertig!

NANABOSO-STICKS MIT QUARK-DIP

DU BRAUCHST FÜR 8–10 PERSONEN:

- 2 Salatgurken
- 6 Möhren
- 3 rote Paprikaschoten
- 1 Bund (200 g) Lauchzwiebeln
- 2–3 Knoblauchzehen
- nach Geschmack je 5 Stiele Petersilie, Basilikum und Thymian
- 1 kg Magerquark
- 400 g Schmand
- 6–8 EL Milch
- Salz
- Pfeffer

 So viel Zeit muss sein: 15 Minuten.

 Einfach.

SO GEHT'S:

1. Gemüse in Spalten schneiden.

2. Lauchzwiebeln putzen, waschen und in feine Ringe schneiden. Knoblauch schälen und fein hacken. Kräuter waschen, trocken schütteln und die Blättchen von den Stielen zupfen. Blättchen fein schneiden.

3. Quark, Schmand und Milch verrühren. Kräuter, Lauchzwiebeln und Knoblauch zufügen und mit dem Pürierstab fein pürieren. Mit Salz und Pfeffer abschmecken.

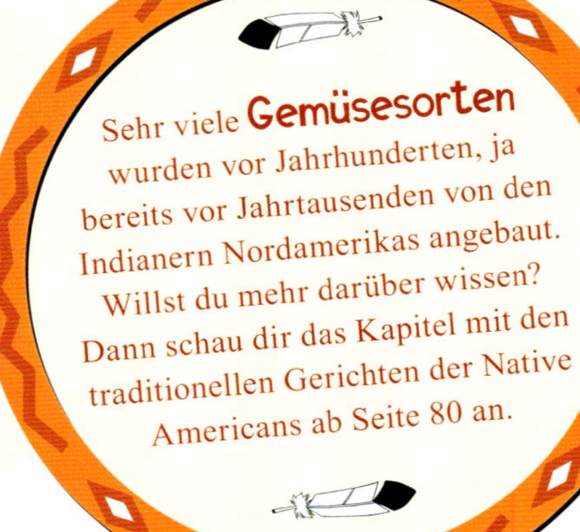

PFEIL-
SCHNELL
!

GROSSE PAUSE
IN DER
WÜSTENSCHLUCHT
Snacks für hungrige
Siouxschüler und ihre
(Draht)-Pferde

Langweiliges Pausenbrot war gestern!

Jetzt kommen leckere, wilde und stärkende Snacks für müde Krieger und hungrige Apachen. Mit diesen Rezepten bist du der Häuptling auf jedem Schulhof!

Los geht's mit Croque Manitu. Bestimmt kennst du den Ausdruck »Beim Manitu!«. Willst du mehr darüber wissen? Dann blättere mal auf Seite 134.

PFEIL-SCHNELL!

CROQUE MANITU

DU BRAUCHST FÜR 4 PERSONEN:

- 3 Tomaten
- 2 kleine Zwiebeln
- 1 Baguette
- 50 g weiche Butter
- 8 Scheiben gekochten Schinken
- 4 Scheiben Käse (am besten Emmentaler)
- 2–3 EL mittelscharfen Senf
- Backpapier

So viel Zeit muss sein: 20 Minuten.

Einfach.

SO GEHT'S:

1. Tomaten waschen, trocken reiben, in Scheiben schneiden. Zwiebeln schälen und in dünne Ringe schneiden.
2. Brot in 4 Stücke schneiden. Jedes Stück einmal waagerecht halbieren. Die unteren Hälften mit Butter bestreichen.
3. Schinkenscheiben zusammenklappen, sodass sie so breit wie das Baguette sind. Käsescheiben halbieren. Baguette mit Schinken und Käse belegen. Tomaten und Zwiebeln darauf verteilen. Obere Baguettehälften mit Senf bestreichen, als Deckel daraufsetzen.
4. Backblech mit Backpapier auslegen. Croque daraufsetzen. Im vorgeheizten Backofen (E-Herd: 200 °C / Umluft: 175 °C / Gas: Stufe 3) 10–12 Minuten backen. Jedes Baguettestück noch einmal halbieren – fertig!

Im Französischen heißt dieses Baguette »Croque Monsieur«. »Monsieur« ist die Anrede für »Herr« und »croque« bedeutet so viel wie »anbeißen«. Kleine Indianerinnen legen nach dem Backen übrigens noch ein Spiegelei obendrauf – dann heißt dieses köstliche Brötchen in Frankreich nämlich »Croque Madame«.

BUNTER WRAP MIT FRÜHLINGSQUARK

DU BRAUCHST FÜR 4 PERSONEN:

- 1/4 Bund Schnittlauch
- 1/2 Beet Kresse
- 2–3 Stiele Petersilie
- 375 g Magerquark
- 2–3 EL Milch
- Salz
- Pfeffer
- 1 Dose Mais
- 200 g Möhren
- 1/4 Eisbergsalat (ca. 175 g)
- 4 weiche Weizen-Tortillas
- 150 g Putenbrustaufschnitt (am besten sehr dünn geschnitten)
- Pergamentpapier
- Brotdosen

So viel Zeit muss sein: 30 Minuten.

Einfach.

SO GEHT'S:

1. Schnittlauch waschen, trocken schütteln und in feine Röllchen schneiden. Kresse vom Beet schneiden. Petersilie waschen, trocken schütteln und fein hacken. Quark und Milch verrühren. Mit Salz und Pfeffer abschmecken, Kräuter unterrühren.

2. Mais in ein Sieb gießen und abtropfen lassen. Möhren schälen, waschen und grob raspeln. Salat waschen, abtropfen lassen und in feine Streifen schneiden.

3. Tortillas nach Packungsanweisung erwärmen. Nebeneinander auf eine Arbeitsfläche legen, Quark darauf verteilen und verstreichen. Salat, Möhren, Mais und Putenbrust gleichmäßig darauf verteilen.

4. Tortillas zu festen Wraps aufrollen und halbieren. Unteren offenen Teil mit Pergamentpapier umwickeln.

In deiner Brotdose bleiben die Wraps bis zur großen Pause oder zum Indianerpicknick richtig frisch. Lecker dazu sind knackige Möhren und Kirschtomaten – köstlich und gesund zugleich!

Warum heißt die **Jagdwurst** Jagdwurst? Tja, keiner weiß es so genau. Eine Legende besagt, dass der Name auf die ursprüngliche Verwendung dieser Wurst hinweist: Sie war eben eine gute Marschverpflegung für Jäger und Reiter. Ob's stimmt? Wir wissen es nicht. Aber eins ist sicher: Den Indianern hätte unser Jagdwurstbagel als Proviant auf der Büffeljagd bestimmt geschmeckt!

BAGELS MIT JAGDWURST

DU BRAUCHST FÜR 4 PERSONEN:

- 3 Bio-Eier (Größe M)
- 4 Salatblätter
- 2 Tomaten
- 125 g Salatgurke
- 1/2 Bund Schnittlauch
- 300 g Vollmilch-Joghurt (darf nicht zu flüssig sein!)
- Salz
- schwarzen Pfeffer
- 150 g Tomatenketchup
- 4 EL Paniermehl
- 4 dicke Scheiben Jagdwurst
- 3 EL Öl
- 4 Bagels
- Einweg-Spritzbeutel

So viel Zeit muss sein: 40 Minuten.

Mittelschwer.

SO GEHT'S:

1. 2 Eier in kochendem Wasser 10 Minuten garen. Kalt abschrecken, pellen, auskühlen lassen. Salat waschen, abtropfen lassen. Tomaten waschen, putzen, in Scheiben schneiden. Gurke waschen, putzen. Von 4 Seiten je ein 5 cm langes Stück Schale abschneiden, diese zu Dreiecken schneiden. Restliche Gurke in Scheiben schneiden.

2. Schnittlauch waschen, trocken tupfen, in Röllchen schneiden. Joghurt, bis auf etwas zum Garnieren, mit dem Schnittlauch verrühren, mit Salz und Pfeffer abschmecken. Ketchup in einen Spritzbeutel füllen.

3. 1 Ei in einem tiefen Teller verquirlen, Paniermehl in einen anderen Teller füllen. Wurstscheiben erst in Ei, dann in Paniermehl wenden. Öl in einer großen Pfanne erhitzen, Wurstscheiben von jeder Seite ca. 2 Minuten goldbraun braten.

4. Bagel halbieren. Eier in Scheiben schneiden. Wurstscheiben auf Küchenpapier abtropfen lassen. Auf die unteren Bagelhälften Joghurtcreme streichen, Salat darauf verteilen. Dann mit Wurst, Tomate, Gurke und Ei belegen. Ketchup darauf verteilen, dabei etwas übrig lassen. Oberen Brötchendeckel daraufsetzen.

5. Wenn die Bagels nicht verpackt werden müssen: Mit dem restlichen Ketchup Mund und Augen malen. Etwas Joghurt als kleine Kleckse auf die Augen setzen. In die Mitte die Gurkennase legen.

OMELETT AUF VOLLKORNBROT

DU BRAUCHST FÜR 4 PERSONEN:

- 3 Bio-Eier (Größe M)
- Salz
- Pfeffer
- 2 TL Öl
- 1 kleine Möhre
- 1 Bund Schnittlauch
- 200 g fettarmen Frischkäse
- 3 dünne Scheiben mageren Schinken (also ohne Fettrand)
- 16 Scheiben rundes Vollkorn- oder Schwarzbrot

So viel Zeit muss sein: 30 Minuten.

Einfach.

Aufgepasst beim Kauf von **Vollkornbrot!** Es muss zu mindestens 90 % aus Mehl bestehen, in dem ganze Getreidekörner verarbeitet wurden. Das ist eine Mischung aus Roggen- und Weizenvollkornmehl. Oft gibt's Brot, das mit vielen Körnern bedeckt ist – das macht es aber noch nicht zum Vollkornbrot. Und: Gewöhnliche Weißmehlbrote werden häufig mit Malz angereichert, um den Teig dunkler zu machen. Also beim Bäcker nachfragen, ob das Brot wirklich ein Vollkornbrot ist.

SO GEHT'S:

1. Eier verquirlen. Mit Salz und Pfeffer würzen. In 2 Pfannen (ca. 20 cm Ø) je 1 TL Öl erhitzen. Eimasse auf die 2 Pfannen verteilen. Bei mittlerer Hitze 4 Minuten von beiden Seiten stocken lassen. Herausnehmen, abkühlen lassen.

2. Möhre schälen, längs vierteln. In kochendem Salzwasser 7 Minuten garen. Herausnehmen und mit kaltem Wasser abschrecken. Schnittlauch waschen, trocken schütteln, in kleine Röllchen schneiden. Frischkäse glatt rühren, mit Salz abschmecken, Schnittlauchröllchen unterrühren.

3. Jedes Omelett mit 1 EL Frischkäse bestreichen, je 2 Möhrenviertel der Länge nach nebeneinander darauflegen und aufrollen. Jeweils 1 1/2 Scheiben Schinken um die Omeletts wickeln und jede Rolle in 8 Stücke schneiden.

4. 8 Brotscheiben mit dem restlichen Frischkäse bestreichen, mit je 2 Omelett-Röllchen belegen, mit restlichen Brotscheiben bedecken.

Wusstest du, dass es eine Tomatensorte namens **»Cherokee Purple«** gibt? Diese dunkle Sorte schmeckt wunderbar süß – und wurde bereits vor Jahrhunderten von den Cherokee-Indianern angebaut.

BUNTER WILDWEST-BURGER

DU BRAUCHST FÜR 1 PERSON:

- 1 kleine Möhre
- 1 kleines Stück Salatgurke
- 1/2 Tomate
- einige Kopfsalatblätter
- 1 längliches Kürbis-Vollkornbrötchen
- 3 TL Remoulade
- 50 g geräucherten Putenbrustaufschnitt

So viel Zeit muss sein: 10 Minuten.

Einfach.

SO GEHT'S:

1. Möhre schälen. Gurke und Möhre waschen, abtropfen lassen und getrennt grob raspeln. Tomate putzen, waschen und in Spalten schneiden. Salatblätter waschen und trocken tupfen.

2. Brötchen halbieren. Untere Hälfte mit 1 Teelöffel Remoulade bestreichen und mit den Salatblättern belegen. Gurkenraspel auf dem Putenaufschnitt verteilen, Scheiben halb überklappen und aufs Brötchen geben. Tomatenspalten dazwischenstecken und Möhrenraspel darüberstreuen.

3. Restliche Remoulade darauf verteilen und andere Brötchenhälfte daraufsetzen.

Für die vegetarische Variante nimmst du statt der Putenbrust deinen Lieblings-Schnittkäse. Oder du probierst das Ganze mal mit körnigem Frischkäse – oberlecker! Dann allerdings die Remoulade weglassen.

SALZIGE HEFESCHNECKEN

DU BRAUCHST FÜR 18 STÜCKE:

- 500 g Mehl
- Salz
- 50 g Butter
- 225 ml Milch
- 1 Würfel (42 g) Hefe
- 1 Bio-Ei (Größe M)
- 1 Bund Lauchzwiebeln
- 150 g Schinkenwürfel
- 150 g Gouda
- 4 EL Olivenöl

So viel Zeit muss sein:
1 ¼ Stunden.
Wartezeit: 35 Minuten.

Mittelschwer.

SO GEHT'S:

1. Mehl und 1 Teelöffel Salz mischen. Butter schmelzen, Milch zufügen und lauwarm erwärmen. Hefe hineinbröseln und darin auflösen. Hefe-Milch, Ei und Mehl mit den Knethaken des Handrührgerätes zu einem glatten Teig kneten. Zugedeckt an einem warmen Ort 45 Minuten gehen lassen.

2. Lauchzwiebeln putzen, waschen und in feine Ringe schneiden. Lauchzwiebeln mit Schinkenwürfeln mischen. Käse raspeln.

3. Hefeteig kurz durchkneten, halbieren und auf einer bemehlten Arbeitsfläche zu 2 Rechtecken (25 × 30 cm) ausrollen. Teigplatten mit je 2 Esslöffel Öl bestreichen. Schinken-Mischung und Käse darauf verteilen. Beide Teigplatten von der kurzen Seite aufrollen. Jede Rolle in 9 Scheiben schneiden.

4. Auf 2 mit Backpapier ausgelegte Backbleche legen. Im vorgeheizten Backofen (E-Herd: 200 °C / Umluft: 175 °C / Gas: Stufe 3) 15–20 Minuten backen. Schnecken herausnehmen – sie schmecken warm oder kalt!

Hefe mag es mollig warm. Deswegen ist es wichtig, die Milch für den Vorteig wirklich lauwarm zu erwärmen – ist sie zu kalt, dauert das Gehen ewig, ist sie zu heiß, sterben die Hefepilze ab. Die übrigen Zutaten sollten Zimmertemperatur haben. Also denk dran: Butter und Ei rechtzeitig aus dem Kühlschrank nehmen!

FÜR DEN
LUXUS-
INDIANER!

FLADENBROTECKEN MIT GARNELEN

DU BRAUCHST FÜR 4 PERSONEN:

- 2 Bio-Eier (Größe M)
- 4 Stiele Dill
- 500 g griechischen Joghurt (10 % Fett)
- Salz
- Pfeffer
- 16 rohe Garnelen (ohne Kopf, entdarmt)
- 2 EL Öl
- 200 g Salatgurke
- 200 g Fladenbrot

So viel Zeit muss sein:
30 Minuten.

Mittelschwer.

SO GEHT'S:

1. Eier anstechen, in kochendem Wasser 10 Minuten garen. Abgießen, abschrecken, Schale abpellen, etwas abkühlen lassen.

2. Dill waschen, trocken schütteln und fein schneiden. Joghurt und Dill verrühren. Mit Salz und Pfeffer würzen.

3. Garnelen waschen, trocken tupfen, schälen. Öl in einer Pfanne erhitzen, Garnelen darin unter Wenden 3–4 Minuten braten (Vorsicht vor heißen Spritzern!), mit Salz und Pfeffer würzen, herausnehmen.

4. Gurke waschen und in Scheiben schneiden. Eier in Scheiben schneiden. Fladenbrot in 4 Stücke schneiden, aufschneiden. Untere Hälften mit der Hälfte des Joghurts bestreichen. Mit Gurke, Eischeiben, Garnelen und Dill belegen. Restlichen Joghurt darauf verteilen. Obere Brothälften daraufsetzen.

Garnelen sind nichts für dich? Probier das Rezept doch mal mit gekochtem Schinken aus. Übrigens: Besonders lecker schmeckt es, wenn du die Fladenbrote vor dem Aufschneiden ganz kurz im Ofen erwärmst.

POWERBOX MIT ÄPFELN, GEMÜSESTICKS UND NÜSSEN

DU BRAUCHST FÜR 1 PERSON:

- 1 Möhre
- 1/4 Gurke
- 1/2 gelbe Paprika
- 1/2 rote Paprika
- 2 Walnüsse
- 3–4 Käsescheiben
- 3 EL Knuspermüsli mit getrockneten Cranberrys
- 1 Radieschen

So viel Zeit muss sein: 15 Minuten.

Einfach.

SO GEHT'S:

1. Möhre, Gurke und Paprikas waschen, schälen und in Streifen schneiden.
2. Walnüsse in zwei Hälften teilen.
3. Käsescheiben und Müsli in eine Lunchbox geben. Mit Radieschen garnieren.

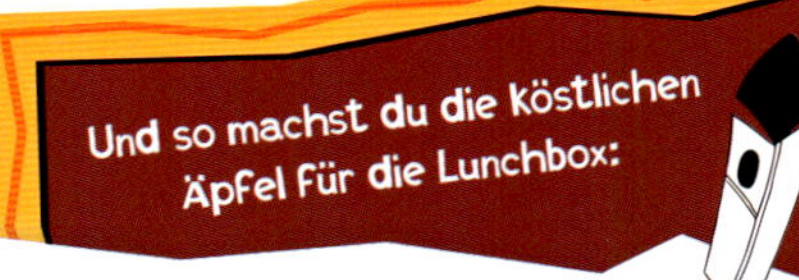

Knackige Apfelscheiben

- 1 Erdbeere
- 4 entkernte Apfelscheiben
- 2 TL Zitronensaft
- 3–4 TL cremige Erdnussbutter
- 1 TL Kokosraspel
- 1 TL Rosinen
- 4 kleine, dunkle Weintrauben

SO GEHT'S:

Erdbeere putzen, waschen und in Scheiben schneiden. Apfelscheiben mit Zitronensaft bestreichen. 2 Scheiben mit 1–2 TL Erdnussbutter bestreichen. 2 Weintrauben klein schneiden. Auf eine bestrichene Scheibe Apfel Erdbeere und Weintrauben geben. Auf 1 Scheibe Kokosraspel und Rosinen geben und beide mit übrigen Apfelscheiben bedecken. Weintrauben in die Mitte der Apfelscheiben stecken.

Walnüsse

gab es bei den Indianern nicht. Aber sie kannten ihre direkten Verwandten: die Schwarznuss und die Butternuss. Beide haben eine sehr harte Schale, sodass das Knacken immer schon sehr mühselig war – in Amerika gibt's sogar einen extra Nussknacker für die Schwarznuss! Hat man sie aber erst mal geöffnet, schmeckt sie köstlich.

Die Sandwichscheiben lassen sich in der Pfanne mithilfe von zwei Pfannenwendern gut wenden. Pass dabei aber auf: Das Fett in der Pfanne könnte spritzen.

FÜR DEN FAST-FOOD-INDIANER!

GEBRATENES SCHINKENSANDWICH
MIT KROSSEN CHIPS

DU BRAUCHST FÜR 4 PERSONEN:

- 100 g Cheddarkäse
- 4 Salz-Dill-Gurken aus dem Glas
- 8 Scheiben Toastbrot
- 8 TL Dijonsenf
- 60 g Kartoffelchips
- 300 g gekochten Schinken, hauchdünn geschnitten
- 25 g Butter oder Margarine

So viel Zeit muss sein: 20 Minuten.

Einfach.

SO GEHT'S:

1. Käse fein reiben. Gurken in dünne Scheiben schneiden. Brotscheiben nebeneinander auf ein Arbeitsbrett legen, dünn mit Senf bestreichen. 4 Brotscheiben mit Chips, Gurke, Schinken und Käse gleichmäßig belegen.

2. Je eine unbelegte Brotscheibe daraufsetzen, leicht zusammendrücken. Die Hälfte des Fetts in einer Pfanne bei schwacher bis mittlerer Hitze erhitzen. Je 2 Sandwichbrote hineingeben und von jeder Seite 1–2 Minuten braten. Sandwich herausnehmen und warm halten.

3. Restliche Sandwichbrote im übrigen Fett ebenso braten. Aus der Pfanne nehmen. Sandwich halbieren und anrichten.

AUF DEN SPUREN VON STILLER FELS UND SCHNELLER SCHILDKRÖTE
Traditionelle Gerichte der Native Americans

Wenn du Tomatensoße isst, denkst du an Italien, richtig? Kartoffeln mit Bohnen? Das hat sich doch bestimmt Oma ausgedacht! Stimmt beides nicht. **Tomaten, Kartoffeln und Bohnen** kommen von den Indianern. Und nicht nur das – auch Mais und Kürbis haben sie schon vor Jahrhunderten angebaut und Köstlichkeiten daraus gezaubert. Ein paar davon entdeckst du in diesem Kapitel.

TOMATENSUPPE MIT SPECK

DU BRAUCHST FÜR 6 PERSONEN:

- 1/2 Bund Lauchzwiebeln
- 120 g Frühstücksspeck in Scheiben
- 1 Dose (850 ml) Tomaten
- 200 ml Gemüsebrühe
- Salz
- Pfeffer
- 1 Prise Zucker
- 100 g saure Sahne
- 4 EL Schlagsahne

So viel Zeit muss sein: 30 Minuten.

Mittelschwer.

SO GEHT'S:

1. Lauchzwiebeln putzen, waschen, schräg in Ringe schneiden. Speck in einem Topf knusprig auslassen (das heißt: auf hoher Temperatur braten, bis das Fett geschmolzen ist und der Speck kross wird). Herausnehmen und warm stellen.

2. Lauchzwiebelringe, bis auf einige zum Garnieren, im heißen Speckfett ca. 3 Minuten andünsten. Mit Tomaten und Brühe ablöschen, aufkochen und 15–20 Minuten köcheln. Tomaten dabei mit einem Rührlöffel zerdrücken. Suppe mit Salz, Pfeffer und Zucker abschmecken.

3. Saure Sahne und Schlagsahne mit einem Schneebesen glatt rühren. Tomatensuppe in Schälchen anrichten. Die Sahnemischung mit einem Löffel in Schlieren in die Suppe ziehen. Mit dem Speck und übrigen Lauchzwiebelringen garnieren.

KNUSPERTOMATEN MIT AVOCADOCREME

DU BRAUCHST FÜR 4 PERSONEN:

- 1 kleine rote Zwiebel
- 2 Avocados
- Saft von 1 Zitrone
- Salz
- Pfeffer
- 1 Prise Zucker
- 800 g Tomaten
- 125 g Mehl
- 150 ml Gemüsebrühe
- 2 EL Öl
- 2 Eiweiß von Bio-Eiern (Größe M)
- 1 l Sonnenblumenöl zum Ausbacken
- Frischhaltefolie

So viel Zeit muss sein: 45 Minuten.

Einfach.

SO GEHT'S:

1. Zwiebel schälen, sehr fein würfeln. Avocados halbieren, Steine entfernen. Fruchtfleisch aus der Schale lösen. Fruchtfleisch und Zitronensaft in einer Schüssel mit einer Gabel zerdrücken. Zwiebelwürfel untermischen. Mit Salz, Pfeffer und Zucker abschmecken. Mit Folie abdecken und kühl stellen.

2. Tomaten putzen, waschen, in Scheiben schneiden. Für den Ausbackteig Mehl in eine Schüssel sieben. Brühe und Öl untermischen, mit Salz würzen. Eiweiß mit den Schneebesen des Handrührgerätes steif schlagen und unterheben.

3. Öl auf ca. 175 °C erhitzen. Tomatenscheiben portionsweise durch den Backteig ziehen und jeweils 3–4 Minuten ausbacken. Fertige Tomaten auf Küchenpapier abtropfen lassen, warm halten.

4. Tomaten auf Tellern anrichten. Avocadocreme dazureichen.

Die Avocado ist die fetthaltigste aller Frucht- und Gemüsearten. Zum Glück sind ihre Fette sehr gesund. Am besten schmeckt sie, wenn das Fruchtfleisch butterweich ist. Du hast Lust auf noch mehr Avocado? Blättere mal schnell auf Seite 90.

Die Tomate

kommt ursprünglich aus Mittel- und Südamerika. Dort wurde sie von den Maya und anderen Völkern schon etwa 200 vor Christus als »xitomatl« kultiviert. Die Azteken benutzten Tomatensaft übrigens als Medizin gegen Erkältungen. Und die Maya aßen das »Rote Blut« als stärkende Beilage zu den Mahlzeiten.

Das Alter der Kartoffel wird auf sagenhafte 13.000 Jahre geschätzt. Mehr als 600 verschiedene Sorten pflanzten Hochlandindianer schon vor Jahrtausenden an, teils in einer Höhe von 3.000–4.000 Metern. Zu uns kamen die ersten Kartoffeln erst im 16. Jahrhundert – auf dem Schiff von Südamerika nach Europa.
FÜR DEN VEGGIE-INDIANER!

KARTOFFEL-GULASCH MIT GEBRATENEM TOFU

DU BRAUCHST FÜR 4 PERSONEN:

- 150 g Zwiebeln
- 2 Knoblauchzehen
- 1,2 kg Kartoffeln
- 2 rote Paprikaschoten
- 3 EL Öl
- 2 EL Tomatenmark
- 1/4 TL gefriergetrockneten Majoran
- 1/2 TL Kümmel
- 2–3 Lorbeerblätter
- 500 ml Gemüsebrühe
- 250 g grünen Spargel
- Salz
- Pfeffer
- 1 Prise Zucker
- 1–2 EL weißen Essig
- 200 g Kräuter-Tofu
- 1 TL Sojasoße
- einige Stiele frischen Majoran zum Garnieren

So viel Zeit muss sein: 45 Minuten.

Anspruchsvoll.

Du magst keinen grünen Spargel? Nimm 200 g tiefgefrorene Erbsen, die du knapp 10 Minuten vor Ende der Garzeit zum Gulasch gibst – oder du lässt den Spargel einfach weg.

SO GEHT'S:

1. Zwiebeln und Knoblauch schälen, in feine Stücke schneiden. Kartoffeln schälen, waschen, in grobe Stücke schneiden. Paprika putzen, waschen und in Würfel schneiden.

2. 1 EL Öl in einem Topf erhitzen. Kartoffeln darin 2–3 Minuten andünsten. Zwiebeln, Knoblauch und Tomatenmark dazugeben, kurz anschwitzen. Paprika, Majoran, Kümmel und Lorbeerblätter dazugeben. Mit Brühe ablöschen, aufkochen und 20–25 Minuten zugedeckt köcheln lassen.

3. Spargel waschen, die holzigen Enden abschneiden. Spargel in schräge Stücke schneiden, ca. 5 Minuten vor Ende der Garzeit zum Kartoffel-Gulasch geben. Mit Salz, Pfeffer, Zucker und Essig abschmecken.

4. Tofu in 16 gleich große Würfel schneiden. 2 EL Öl in einer Pfanne erhitzen. Tofuwürfel darin unter Wenden 3 Minuten anbraten. Mit Sojasoße ablöschen, vom Herd nehmen.

5. Kartoffel-Gulasch in Schalen anrichten. Je 4 Tofuwürfel dazugeben und nach Belieben mit frischem Majoran garnieren.

CHILI CON CARNE

DU BRAUCHST FÜR 6 PERSONEN:

- 2 Zwiebeln
- 2 Knoblauchzehen
- 1 Chilischote
- 2 EL Öl
- 750 g Bio-Rinderhack
- Salz
- Pfeffer
- je 1 grüne, gelbe und rote Paprikaschote
- 750 g Tomaten
- 2 Dosen rote Kidneybohnen
- ¼ l Gemüsebrühe
- 4 EL Tomatenmark
- 1 EL Edelsüß-Paprika
- 1 EL Chilipulver
- etwas Petersilie
- Einweghandschuhe

So viel Zeit muss sein: 45 Minuten.

Mittelschwer.

SO GEHT'S:

1. Zwiebeln und Knoblauchzehen schälen, fein würfeln. Mit Einweghandschuhen Chilischote waschen, längs aufschneiden, entkernen, hacken – Achtung, unbedingt trotzdem danach gut die Hände waschen!

2. Zwiebeln, Knoblauch und Chilis im heißen Öl andünsten. Hack zufügen und kräftig anbraten. Mit Salz und Pfeffer würzen.

3. Paprika und Tomaten putzen und waschen. Alles klein schneiden. Bohnen abtropfen lassen. Paprika, Tomaten und Bohnen zum Hack geben.

4. Brühe angießen. Tomatenmark einrühren, mit Salz, Pfeffer, Paprika- und Chilipulver würzen und bei schwacher Hitze 15–20 Minuten schmoren. Mit gehackter Petersilie bestreuen.

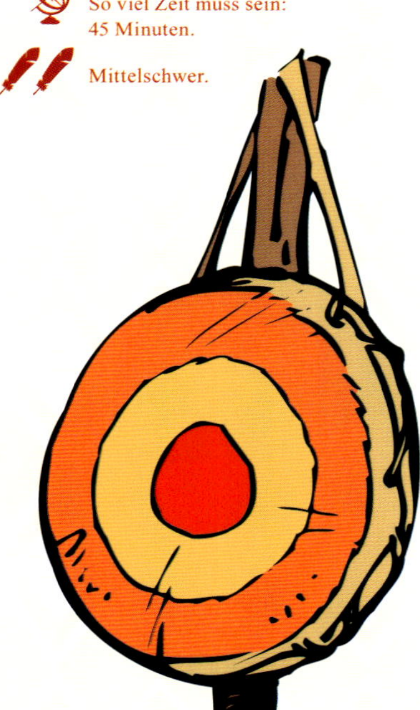

Soll's so richtig authentisch indianisch sein, kochst du Kartoffeln zum Chili. Es schmeckt aber auch super mit Reis oder Baguette. Und wenn du es nicht so scharf magst, lässt du die Chili einfach weg.

FÜR
MUTIGE
INDIANER!

Bevor die Europäer den fernen Kontinent auch nur erahnen konnten, bauten Indianer **Avocado** bereits seit Jahrtausenden zwischen Peru und Mexiko an. Sie aßen nicht nur das Fruchtfleisch, sondern benutzten die Frucht für medizinische Zwecke. Noch heute werden in der indianischen Heilkunde die Blätter des Avocadobaumes bei Fieber eingesetzt.

Das Wort »Guacamole« stammt übrigens von dem aztekischen Wort »ahuacamolli«, was Avocadosauce bedeutet.

HÄHNCHENNUGGETS MIT GUACAMOLE

DU BRAUCHST FÜR 4 PERSONEN:

- 500 g Hähnchenfilet
- 80 g Tortillachips
- 2 Bio-Eier (Größe M)
- 40 g Mehl
- 4–5 EL Öl
- 1 Gefrierbeutel

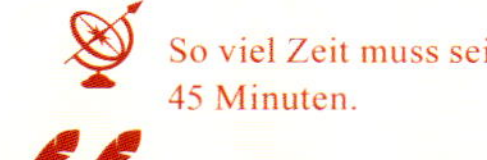

So viel Zeit muss sein: 45 Minuten.

Mittelschwer.

Zu den knusprigen Nuggets schmeckt der Avocado-Dip von Seite 84. Oder du zauberst diese Guacamole:

SO GEHT'S:

1. Hähnchenfilets waschen, trocken tupfen und in ca. 5 cm große Stücke schneiden, mit Salz und Pfeffer würzen.

2. Für die Panade Tortillachips in einen Gefrierbeutel geben, zerbröseln. Auf einen Teller geben, Eier auf einem anderen Teller verquirlen. Hähnchenstücke nacheinander in Mehl, Eiern und Tortillachips panieren.

3. Öl in einer Pfanne erhitzen. Hähnchennuggets darin 4–6 Minuten bei mittlerer Hitze knusprig braten. Auf einer Platte anrichten. Guacamole dazureichen.

Guacamole

- 1 kleine Knoblauchzehe
- 1 kleine Zwiebel
- 1/2 Bund Koriander
- 2–3 TL Zitronensaft von einer Bio-Zitrone
- 1 große reife Avocado
- 100 g Doppelrahm-Frischkäse
- Salz
- Pfeffer

SO GEHT'S:

Knoblauch und Zwiebel schälen, fein würfeln. Koriander waschen, trocken schütteln, Blätter von den Stielen zupfen, fein hacken. Zitrone auspressen. Avocado halbieren, Stein entfernen und Fruchtfleisch mit einem Löffel aus der Schale lösen. Mit einer Gabel zerdrücken, mit Frischkäse, Zitronensaft, Zwiebel- und Knoblauchwürfeln vermengen. Mit Salz und Pfeffer würzen, Koriander unterheben.

GEFÜLLTE FORELLE VOM GRILL

DU BRAUCHST FÜR 4 STÜCK:

- 4 küchenfertige (das heißt, der Fisch ist geschuppt und gesäubert) Forellen
- Salz
- Pfeffer
- Saft von 1 Zitrone
- 3 Tomaten
- 1 Bio-Zitrone
- 4 Stiele Dill
- 2 Stiele Rosmarin
- 1–2 TL Öl
- Fischgrillzangen

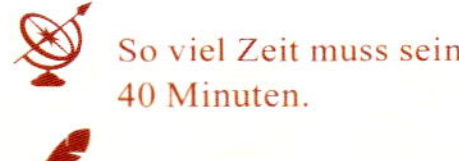

So viel Zeit muss sein: 40 Minuten.

Einfach.

SO GEHT'S:

1. Forellen waschen und trocken tupfen. Von innen und außen mit Salz und Pfeffer würzen und mit Zitronensaft beträufeln.

2. Tomaten waschen, putzen, in Scheiben schneiden. Zitrone waschen und in Scheiben schneiden. Kräuter etwas kleiner zupfen. Vorbereitete Zutaten in die Fische füllen und damit belegen.

3. Fischgrillzangen mit Öl bestreichen, Fische hineinlegen. Auf dem heißen Grill unter Wenden 15–20 Minuten garen.

Über Holzkohle **gegrillte Forelle** schmeckt unglaublich gut! Den köstlichen Geschmack wussten damals schon die Prärie-Indianer zu schätzen: Sie grillten Fisch oder Wild am Spieß oder auf einem gegabelten Holzstock. Traditionell gab's dazu Frühlingszwiebeln und gemahlene getrocknete Fieberbuschbeeren, die ähnlich wie Piment schmecken.

HÄUPTLINGSEINTOPF

DU BRAUCHST FÜR 6–8 PERSONEN:

- je 3 rote und gelbe Paprikaschoten
- 3 Zwiebeln
- 500 g Putenbrust (am besten Bio)
- 8–10 Stiele Majoran
- 1 Flasche (250 ml) Barbecuesoße (oder die selbst gemachte von Seite 14!)
- 50 ml Ahornsirup
- 200 g Schlagsahne
- 1 ½ TL Salz
- 2 TL grob gemahlenen schwarzen Pfeffer
- 1 Prise gemahlenes Chilipulver
- 1 kg gemischtes Gulasch

So viel Zeit muss sein: 2 Stunden.

Mittelschwer.

SO GEHT'S:

1. Paprika putzen, waschen und grob würfeln. Zwiebeln schälen und würfeln. Putenbrust waschen, trocken tupfen und in Würfel schneiden. Majoran waschen, trocken schütteln und, bis auf einen Stiel, Blättchen zupfen.

2. Barbecuesoße, Ahornsirup, Sahne und 1 Liter Wasser verrühren. Salz, 1 ½ TL Pfeffer und Chili unterrühren.

3. Fleisch, Paprika, Zwiebeln und Majoran mischen, in einen Topf geben. Flüssigkeit darübergießen. Zugedeckt aufkochen und bei mittlerer Hitze 1 ½ Stunden kochen.

4. Majoranblättchen vom Stiel zupfen. Häuptlingseintopf mit Majoran garniert und mit ½ TL Pfeffer bestreut anrichten.

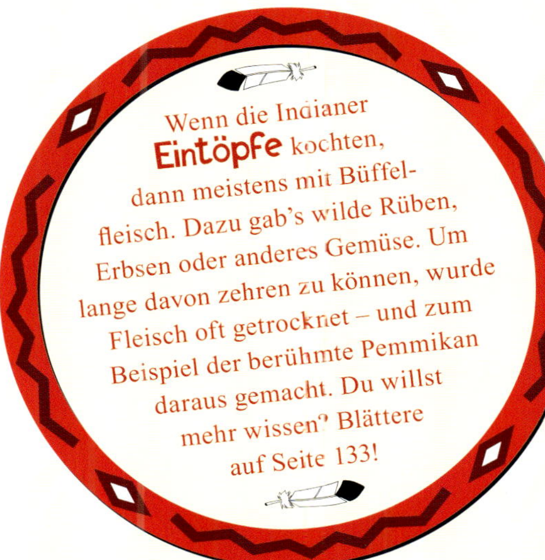

GEFÜLLTER KÜRBIS

DU BRAUCHST FÜR 4 PERSONEN:

- 4 kleine Hokkaido-Kürbisse
- 1 Zwiebel
- 1 Knoblauchzehe
- 1 EL Öl
- 600 g Bio-Rinderhackfleisch
- Salz
- Pfeffer
- 250 g stückige Tomaten aus der Dose
- 2 Tomaten
- 200 g Schafskäse
- 1 Bund Petersilie

So viel Zeit muss sein: 1 Stunde.

Mittelschwer.

SO GEHT'S:

1. Kürbisse waschen, trocken reiben, Deckel abschneiden. Kürbis entkernen. Kürbisse und Deckel auf das Rost des Backofens setzen. Im vorgeheizten Backofen (E-Herd: 150 °C / Umluft: 125 °C / Gas: Stufe 1) 20–30 Minuten backen.

2. Zwiebel und Knoblauch schälen und fein würfeln. Öl in einer Pfanne erhitzen. Zwiebel und Knoblauch darin andünsten. Hack zufügen und krümelig anbraten. Mit Salz und Pfeffer würzen. Stückige Tomaten zum Hack geben. Aufkochen, bei mittlerer Hitze ca. 5 Minuten köcheln lassen.

3. Tomaten waschen, entkernen. Fruchtfleisch in feine Würfel schneiden. Schafskäse zerbröckeln. Petersilie waschen, trocken tupfen. Etwas zum Garnieren zur Seite legen. Blättchen hacken, unters Hack heben. Schafskäse, bis auf etwas zum Bestreuen, ebenfalls unterheben.

4. Hackmasse in die gegarten Kürbisse geben. Mit Tomatenwürfelchen und Schafskäse bestreuen und mit restlicher Petersilie garnieren.

Hokkaido-Kürbisse können sehr hart sein! Lass dir beim Aufschneiden am besten von einem Erwachsenen helfen.

Die Indianer züchteten zahlreiche **Kürbisarten**. Neben Fleisch und Samen als Nahrungsmittel verwendeten sie die harte Schale zur Herstellung von Schüsseln, Löffeln, Wasser- oder Vorratsbehältern. Die ersten Kürbisse wurden wohl schon um 5.000 vor Christus angebaut!

Viele nord-amerikanische Indianer sammelten **Wildpilze** – und sie wussten sehr genau, welche Pilze essbar und welche ungenießbar waren. Für die Indianer in der Prärie, wo es nur selten regnet, waren Pilze, gebraten oder im Eintopf, sogar eine absolute Delikatesse.

GEBRATENE PILZE

DU BRAUCHST FÜR 4 PERSONEN:

- 750 g Champignons
- 500 g Austernpilze
- 1 Bund Lauchzwiebeln
- Salz
- Pfeffer
- 6 EL Olivenöl

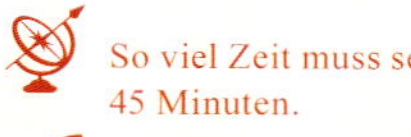

So viel Zeit muss sein: 45 Minuten.

Pilze: Einfach. Mayonnaise: Anspruchsvoll.

SO GEHT'S:

1. Pilze säubern und putzen. Champignons halbieren. Austernpilze je nach Größe klein schneiden.
2. Lauchzwiebeln putzen, waschen und in feine Ringe schneiden. Ca. ⅓ der Lauchzwiebeln beiseitestellen.
3. Olivenöl portionsweise erhitzen, Pilze darin portionsweise anbraten.
4. Alle Pilze wieder in die Pfanne geben, mit Salz und Pfeffer würzen. Lauchzwiebeln zugeben und kurz mitbraten. Mit beiseitegestellten Lauchzwiebeln bestreuen.

Mayonnaise

- 1 zimmerwarmes Eigelb vom Bio-Ei (Größe M)
- 1–2 TL Weißen Essig
- 1 TL Dijon-Senf
- Salz
- Pfeffer
- 125 ml Rapsöl
- 100 g Dickmilch

SO GEHT'S:

Eigelb, Essig und Senf in eine Schüssel geben. Mit Salz und Pfeffer würzen. Mit den Schneebesen des Handrührgerätes 1 Minute aufschlagen. Erst tröpfchenweise (ca. 5 EL), dann in dünnem Strahl langsam das Rapsöl unter ständigem Rühren zugießen. Dickmilch unterheben. Mit Salz und Pfeffer abschmecken. Kalt stellen.

VEGANES NAVAJOBROT

DU BRAUCHST FÜR 4 PERSONEN:

- 300 g Mehl
- 1 EL Backpulver
- 150 ml Wasser
- 5 EL Sojamilch
- Pflanzenöl zum Braten
- nach Geschmack: 5 EL Puderzucker

 So viel Zeit muss sein: 30 Minuten.

 Mittelschwer.

Das Navajobrot ist bis heute im amerikanischen Südwesten sehr beliebt. Häufig bekommst du es dort an Imbissen oder Raststätten. Es schmeckt wunderbar mit herzhaftem Belag wie Bohnen-Chili oder würziger Tomatensoße und frischen Kräutern. Aber auch süß mit Puderzucker oder Honig ist es eine absolute Köstlichkeit.

SO GEHT'S:

1. In einer Rührschüssel das Mehl mit dem Backpulver vermischen, Wasser und (Soja-)Milch vermischen und langsam mit den Knethaken des Handrührgerätes zu einem elastischen Teig verarbeiten. Bei Bedarf etwas mit den Händen nachkneten. 10 Minuten abgedeckt ruhen lassen.

2. Noch einmal kurz durcharbeiten, dann 6–8 kleine Kugeln formen. Diese jeweils zu flachen Fladen auseinanderziehen, die in der Mitte etwas dünner sein dürfen.

3. In einer tiefen Pfanne Pflanzenöl erhitzen. Jeweils einen Fladen nach dem anderen von beiden Seiten knusprig braun braten. Anschließend auf Küchenkrepp abtropfen lassen. Je nach Bedarf mit Puderzucker bestäuben und noch warm essen.

Vorsicht, du solltest den Teig nicht zu stark bearbeiten. Er muss schön weich bleiben.

SÜSSER VEGANER PEMMIKAN

DU BRAUCHST FÜR 1 PEMMIKAN (FÜR DICH UND 2 INDIANER-FREUNDE):

- 10 große getrocknete Datteln
- 100 g Nüsse (Walnüsse, Haselnüsse, Pistazien, Mandeln, Cashewkerne, Pecannüsse)
- 4 EL Kokosraspel
- Alufolie

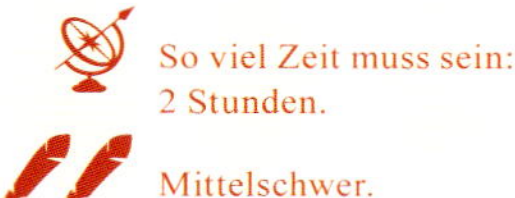

So viel Zeit muss sein: 2 Stunden.

Mittelschwer.

Pemmikan war eines der wichtigsten Nahrungsmittel der nordamerikanischen Indianer. Er besteht traditionell aus zerstoßenem Dörrfleisch vom Bison (mehr dazu liest du ab Seite 128) und Fett und diente den Indianern als Reiseproviant auf langen Wanderungen. Wir haben uns für die süße Variante entschieden – eine köstliche Notration in deiner Tasche, wenn dich der Heißhunger überkommt.

SO GEHT'S:

1. Datteln 15 Minuten in einer Schüssel mit warmem Wasser einweichen. Nüsse in einer Küchenmaschine (lass dir am besten von einem Erwachsenen helfen!) grob zerkleinern.

2. Datteln ausdrücken, Dattelwasser aufheben. Die nun weichen Datteln zu den Nüssen geben und noch mal mit der Maschine zerkleinern. Sollte die Masse zu trocken/fest sein, etwas Dattelwasser dazugeben.

3. Masse auf einem mit Alufolie bedeckten Brett ausstreichen und mindestens ein paar Stunden, besser über Nacht trocknen lassen.

4. Mit einem scharfen Messer (Vorsicht!) in Vierecke schneiden und diese nach Belieben in Kokosraspeln wälzen. Sollten die nicht so gut kleben, die Vierecke noch mal kurz mit Wasser befeuchten.

BITTE HONIG,
ABER OHNE BIENEN!
Süßes für
kleine Schleckermäuler

Beeren, Nüsse, Honig, Kakao – all das sammelten und bauten die Indianer schon vor urewigen Zeiten an. Die Rezepte in diesem Kapitel sind nicht unbedingt aus alten Indianerkochbüchern, aber mit ganz vielen Zutaten indianischen Ursprungs. Und schmecken würden unsere Leckereien bestimmt jedem Indianer ...

INDIANERMUFFINS

DU BRAUCHST FÜR 12 MUFFINS:

- 75 g Zartbitter-Schokolade
- 100 g Marzipan-Rohmasse
- 125 g Butter oder Margarine
- 100 g Zucker
- 1 Päckchen Vanillin-Zucker
- 1 Prise Salz
- 2 Bio-Eier (Größe M)
- 200 g Mehl
- 50 g Speisestärke
- 2 TL Backpulver
- 3–4 EL Schlagsahne
- 200 g Puderzucker
- 4 EL Zitronensaft
- ca. 24 bunte Schokolinsen
- bunte Zuckerperlen und rote Zuckerschrift zum Verzieren
- 24 Papierbackförmchen oder ein Muffinblech

So viel Zeit muss sein: 50 Minuten.

Mittelschwer.

SO GEHT'S:

1. Schokolade hacken. Marzipan-Rohmasse grob reiben, mit weicher Butter oder Margarine in eine Schüssel geben. Mit den Schneebesen des Handrührgerätes geschmeidig rühren. Zucker, Vanillin-Zucker und Salz zufügen, schaumig rühren. Eier nacheinander zufügen, unterrühren.

2. Mehl, Speisestärke und Backpulver mischen, zusammen mit der Sahne kurz unter den Teig rühren. Zum Schluss Schokolade unterheben.

3. Jeweils 2 Papierbackförmchen ineinandersetzen und den Teig in die Förmchen verteilen oder in einem Muffinblech für 12 Muffins backen. Im vorgeheizten Backofen (E-Herd: 175 °C / Umluft 150 °C / Gas: Stufe 2) 20–25 Minuten backen.

4. Muffins auf einem Kuchengitter auskühlen lassen. Für den Guss Puderzucker, Zitronensaft und ½–1 EL Wasser zu einem dicken Guss verrühren. Jeweils etwas Guss auf die Muffins verteilen. Aus Schokolinsen, roter Zuckerschrift, großen und kleinen Zuckerperlen den Muffins bunte Gesichter machen, trocknen lassen.

SCHOKOPUDDING-TOPFPFLANZEN

DU BRAUCHST FÜR 6–8 GLÄSER:

- 50 g Zartbitter-Schokolade
- 1 Päckchen Puddingpulver »Schokoladen-Geschmack« (zum Kochen)
- 50 g Zucker
- 600 ml Milch
- 150 g Schokocookies
- Frischhaltefolie
- Gänseblümchen zum Dekorieren

So viel Zeit muss sein:
25 Minuten.
Wartezeit: 2 Stunden.

Einfach.

SO GEHT'S:

1. Schokolade grob hacken. Puddingpulver mit Zucker mischen. Mit 100 ml Milch glatt rühren.

2. 500 ml Milch aufkochen, vom Herd ziehen. Angerührtes Puddingpulver einrühren. Unter Rühren 1 Minute köcheln lassen. Schokolade unterrühren, im heißen Pudding schmelzen lassen. In eine Schüssel geben, direkt auf der Oberfläche mit Folie abdecken. Auskühlen lassen.

3. Cookies grob zerbröseln. Pudding glatt rühren, in Gläser füllen. Mit Cookies bestreuen. Mit Blümchen dekorieren.

Die indianische Hochkultur (das bedeutet, dass die Menschen für ihre Zeit sehr fortschrittlich waren) der Maya hat wohl als Erste Kakao angebaut. Die Azteken sind die Namensgeber der **Schokolade**: Ihr kakaohaltiges Getränk nannten sie »Xocóatl«. Dieses »bittere Wasser« hatte mit unserem gesüßten Kakao nicht viel gemeinsam: Erst viel später wurde er durch die Vermischung mit Zucker zu einem beliebten Luxusgetränk.

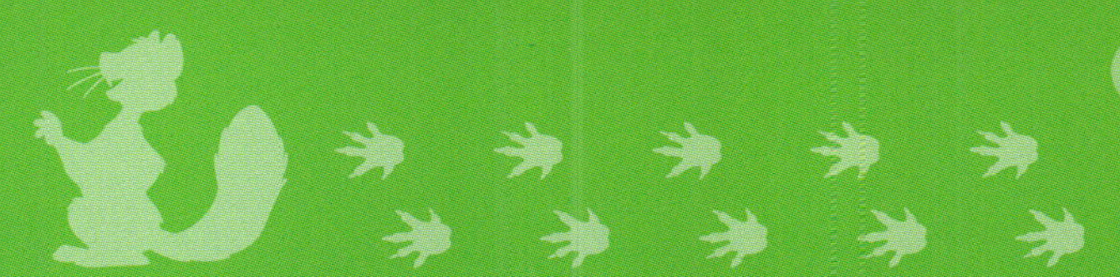

FÜR GROSSE INDIANER!

ACHTUNG: HEISS UND FETTIG!

CHURROS CON CHOCOLATE

DU BRAUCHST FÜR 20 STÜCK:

- 60 g Butter
- 1 Prise Salz
- 2 TL Zucker
- 150 g Mehl
- 5 Bio-Eier (Größe M)
- 1 TL Backpulver
- Spritzbeutel mit Sterntülle
- 1 l Öl zum Frittieren

So viel Zeit muss sein:
Churros: 50 Minuten.
Schokocreme: 10 Minuten.
Wartezeit: 3 Stunden.

Mittelschwer.

In Spanien kennt sie jeder, die **Churros con Chocolate**. Superbeliebt sind sie in Madrid, wo du sie morgens ab 5 Uhr in sogenannten Churrerías bekommst – kleinen Cafés mit Marmortischchen und -theke. Aber auch in Mittel- und Südamerika gibt's diese fettige Köstlichkeit an jeder Ecke.

SO GEHT'S:

1. Butter, Salz, Zucker und 125 ml Wasser aufkochen. Wenn das Fett vollständig geschmolzen ist, Mehl hineingeben. Mit einem Kochlöffel so lange rühren, bis sich eine weiße Schicht am Topfboden bildet und sich der Teig als Kloß vom Topfboden löst. In eine Schüssel geben.

2. 1 Ei unterrühren, 10 Minuten abkühlen lassen. 4 Eier nacheinander unter den Teig rühren. Zuletzt Backpulver hinzufügen.

3. Teig in einen Spritzbeutel mit einer mittleren Sterntülle füllen. Ab hier lass einen Erwachsenen ran: Öl in einem weiten Topf auf ca. 170 °C erhitzen. Je 2–3 Streifen (à 12–14 cm Länge) vorsichtig direkt in das heiße Öl spritzen, dabei mit einem Messer abtrennen. Unter Wenden 3–4 Minuten goldbraun frittieren. Herausnehmen und sofort servieren.

Und dazu gibt's:

Dicke Schokocreme

DU BRAUCHST FÜR 1 GLAS:

- 100 g Schlagsahne
- 10 g Kokosfett
- 100 g Zartbitter-Schokolade

SO GEHT'S:

Sahne und Kokosfett in einem Topf erhitzen. Schokolade in Stücke brechen, in die Sahne geben und unter Rühren darin schmelzen. Schokosahne in Glas mit Schraubverschluss gießen, abkühlen lassen, 3 Stunden kalt stellen.

ERDNUSS-SCHOKO-COOKIES

DU BRAUCHST FÜR 24 STÜCK:

- 250 g ungesalzene Erdnusskerne
- 250 g Butter
- je 175 g weißen und braunen Zucker
- 1 Prise Salz
- 1 Päckchen Vanillin-Zucker
- 2 Bio-Eier (Größe M)
- 425 g Mehl
- 2 TL Kakaopulver
- 1 TL Backpulver
- 150 g Schokoladen-Tröpfchen
- Backpapier

So viel Zeit muss sein: 1 ½ Stunden.

Einfach.

SO GEHT'S:

1. Erdnüsse grob hacken. Butter, Zucker, Salz und Vanillin-Zucker mit den Schneebesen des Handrührgerätes schaumig rühren. Eier nacheinander unterrühren. Mehl, Kakao und Backpulver mischen und unterrühren. Schokotröpfchen und Erdnüsse untermengen.

2. Mit einem Esslöffel je 6 Teighäufchen auf 4 mit Backpapier ausgelegte Backbleche setzen, flach drücken. Bleche nacheinander im vorgeheizten Backofen (E-Herd: 200 °C / Umluft: 175 °C / Gas: Stufe 3) ca. 12 Minuten backen. Vom Backblech nehmen, auf ein Gitter setzen und auskühlen lassen.

KLEINER DACHS' LIEBLINGSLECKEREI

Die ersten **Erdnüsse** wurden schon vor über 7.000 Jahren von peruanischen Indianern angebaut. Auch in Brasilien gab's bereits vor 2.000 Jahren Erdnüsse. Nüsse waren neben Beeren stets ein wichtiges Nahrungsmittel für die Indianer, das ihnen Energie und Kraft spendete.

Statt mit Erdnüssen kannst du die Cookies auch mit Cashewnüssen backen – schmeckt ebenfalls super!

PFEIL-
SCHNELL
!

Auch die Indianer genossen schon vor langer, langer Zeit die wunderbar süße und herrlich rote Frucht: Die bei uns beliebte **Erdbeersorte »Honeoye«** zum Beispiel ist indianischen Ursprungs.

ERDBEER-SANDWICHES

DU BRAUCHST FÜR 4 PERSONEN:

- 300 g Erdbeeren
- 8 kleine Baisers
- 2 TL Speisestärke
- 1 kleines Fläschchen Orangenaroma
- 8 Butterwaffeln aus der Packung

So viel Zeit muss sein:
20 Minuten.
Wartezeit: 1 Stunde.

Einfach.

Statt des Fläschchens kannst du auch prima natürliches Orangenaroma verwenden. Mengenangaben findest du auf der Packung.

SO GEHT'S:

1. Erdbeeren waschen, putzen und fein würfeln. ¾ der Erdbeerwürfel mit dem Schneidstab pürieren. Baiser zerbröseln. Erdbeerpüree und Stärke glatt rühren. In einem kleinen Topf bei schwacher Hitze unter Rühren 1–2 Minuten köcheln lassen. Baiserbrösel, Erdbeerwürfel und Orangenaroma unterrühren. Etwas abkühlen lassen.

2. 4 Waffeln mit der Erdbeermasse bestreichen. Übrige 4 Waffeln darauflegen und leicht andrücken. Waffeln auf einen flachen Teller geben und im Gefrierfach ca. 1 Stunde gefrieren lassen.

SÜSSE SIOUX-STICKS MIT ROTER GRÜTZE

DU BRAUCHST FÜR 20 STÜCKE:

- 500 g Mehl
- 175 g Zucker
- einige Tropfen Vanilleessenz (oder das Mark einer Vanilleschote)
- 350 g kalte Butter
- 500 g rote Grütze
- Fett für die Form

So viel Zeit muss sein:
1 Stunde.
Wartezeit: 2 Stunden.

Mittelschwer.

Die Sioux
kennt jeder – aber wusstest du, dass es den Indianerstamm der Sioux im eigentlichen Sinne gar nicht gibt? Du willst wissen, was dahintersteckt? Schau doch mal im nächsten Kapitel nach!

SO GEHT'S:

1. Mehl und Zucker in einer Schüssel mischen. Vanilleessenz und Butter in Stückchen zugeben. Erst mit den Knethaken des Handrührgerätes, dann mit den Händen zu Streuseln verarbeiten.

2. Quadratische Springform (24 × 24 cm) einfetten. Knapp ¾ der Streusel in die Form geben, zu einem glatten Boden drücken.

3. Rote Grütze glatt rühren, auf den Boden geben und verstreichen, dabei den Rand ca. 5 mm frei lassen. Restliche Streusel darauf verteilen. Im vorgeheizten Backofen (E-Herd: 175 °C / Umluft: 150 °C / Gas: Stufe 2) auf der 2. Schiene 40–45 Minuten backen.

4. Auf einem Kuchengitter abkühlen lassen, den Rand mit einem Messer nach 10 Minuten lösen. In der Form auskühlen lassen. Aus der Form lösen, halbieren und in je 10 Streifen schneiden.

Wenn du deine Sticks gern dippen möchtest, versuch's mal mit warmer Vanillesoße – hmmmmm …

FÜR BLUTS-BRÜDER!

WALDBEEREN-KUCHEN

DU BRAUCHST FÜR 24 STÜCKE:

- 750 g tiefgefrorene Erdbeeren
- 300 g Butter
- 2 Bio-Eier (Größe M)
- 350 g Mehl
- ½ TL Backpulver
- 150 g gemahlene Mandeln
- 475 g Zucker
- 750 g tiefgefrorene Himbeeren
- 350 ml Rhabarbernektar
- 100 g Speisestärke
- 8 Eigelb von Bio-Eiern (Größe M)
- 4 Blatt Gelatine
- Fett für das Blech

So viel Zeit muss sein:
1 Stunde.
Wartezeit: 1 Tag.

Anspruchsvoll.

SO GEHT'S:

1. Erdbeeren in einer Schüssel auftauen lassen (am besten über Nacht oder in der Mikrowelle). Himbeeren auftauen lassen (ca. 2 Stunden).

2. 200 g Butter, Eier, Mehl, Backpulver, Mandeln und 125 g Zucker mit den Händen zu einem glatten Teig verkneten. Teig auf einem gefetteten Backblech gleichmäßig dünn ausrollen und 1 Stunde kühl stellen. Mürbeteigboden mehrmals einstechen und im vorgeheizten Backofen (E-Herd: 200 °C / Umluft: 175 °C / Gas: Stufe 3) 15 Minuten backen. Herausnehmen, etwas abkühlen lassen.

3. Erdbeeren und 250 g Himbeeren pürieren, durch ein Sieb streichen. Fruchtpüree mit ca. 200 ml Rhabarbernektar auf 1,2 Liter Flüssigkeit aufgießen. Fruchtpüree, 100 g Butter und 250 g Zucker aufkochen. Stärke und 150 ml Nektar glatt rühren, in das Fruchtpüree rühren. Unter Rühren etwa 1 Minute köcheln lassen. Topf vom Herd ziehen. Eigelbe und 5 EL Püree verrühren und in das übrige Püree rühren. Kurz aufkochen. Püree auf dem Mürbeteig verstreichen, 4–5 Stunden kühl stellen.

4. Gelatine in kaltem Wasser einweichen. 500 g Himbeeren und 100 g Zucker pürieren, durch ein Sieb streichen. Ausgedrückte Gelatine in einem Topf auflösen, 4 EL Himbeermark einrühren, dann in das übrige Himbeerpüree rühren. Auf dem Beerenkuchen verteilen und wieder (mindestens 3 Stunden) kühl stellen. Kuchen zuerst in große Rechtecke, dann in Dreiecke schneiden.

Viele Vegetarier, aber auch manche »Fleischesser« möchten auf Gelatine verzichten, da sie aus tierischen Bestandteilen produziert wird. Als Ersatz kannst du gut das rein pflanzliche Agar-Agar nehmen – gibt's mittlerweile in jedem Supermarkt.

HONIGKUCHEN

DU BRAUCHST FÜR 16 SCHEIBEN:

- 100 g Zartbitter-Schokolade
- 250 g flüssigen Honig
- 2 Bio-Eier (Größe M)
- 1 Prise gemahlene Gewürznelken
- ½ TL Zimt
- 1 Prise Kardamom
- 125 g feiner Kandiszucker
- 250 g Mehl
- 2 TL Backpulver
- je 100 g gehackte Mandeln und Haselnüsse
- Fett für die Form

So viel Zeit muss sein: 1 ¼ Stunde.

Einfach.

SO GEHT'S:

1. Schokolade grob raspeln. Honig, Eier und Gewürze verrühren. Zucker zugeben. Mehl, Backpulver und Schokolade mischen und unterrühren. Mandeln und Nüsse unterheben.

2. Eine Kastenform ausfetten. Teig einfüllen und glatt streichen. Im vorgeheizten Backofen (E-Herd: 175 °C / Umluft 150 °C / Gas: Stufe 2) 60 Minuten backen. Auf ein Kuchengitter stürzen und auskühlen lassen.

Honig war bei allen indianischen Völkern ein kostbares und hochwertiges Nahrungsmittel. Es wird erzählt, dass Stammesmitglieder der in Paraguay lebenden Ayoreo auf Bäume kletterten, in denen Bienen nisteten, mit einer Axt ein Loch hackten und mit der bloßen Hand die Wabe aus dem Baum holten ... Uff. Gut, dass wir den Honig fertig im Glas kaufen können, oder?

PFEIL-
SCHNELL
!

KOKOS-HEIDELBEER-HAPPEN

DU BRAUCHST FÜR 48 STÜCKE:

- 200 g Butter
- 240 g Zucker
- 2 Bio-Eier (Größe M)
- 250 g Mehl
- 1 gestrichenen TL Backpulver
- Saft von 2 Limetten
- 1 Glas (720 ml) Heidelbeeren
- 30 g Speisestärke
- 125 g grobe Kokosraspeln
- 200 g Crème double
- Fett für die Form

So viel Zeit muss sein: 1 Stunde.

Anspruchsvoll.

Die Kokospalme wird seit 3000 Jahren angebaut. Ob die Indianer Kokos nutzten – wer weiß? Aber **Heidelbeeren**! Sie kochten daraus eine Art Heidelbeergelee, das sie an der Sonne trockneten. So hatten sie für den Winter einen gut haltbaren Vorrat.

SO GEHT'S:

1. Butter und 200 g Zucker mit den Schneebesen des Handrührgerätes cremig rühren. Eier nacheinander unterrühren. Mehl und Backpulver mischen und in die Fettmasse rühren.

2. Quadratische Springform (24 × 24 cm) fetten, Teig hineingeben und glatt streichen. Im vorgeheizten Backofen (E-Herd: 175 °C / Umluft: 150 °C / Gas: Stufe 2) 20 Minuten backen.

3. Limettensaft und Heidelbeeren mit Saft aufkochen lassen. Stärke mit 2 EL Wasser verrühren und die Heidelbeeren damit binden. Kokosraspel und 40 g Zucker mit Crème double verrühren. Boden aus dem Ofen nehmen. Heidelbeerkompott auf dem Boden verteilen und Kokosmasse flockig darauf verteilen.

4. Nochmal bei gleicher Temperatur, 2. Schiene von oben, ca. 15 Minuten backen. Herausnehmen, auskühlen lassen und aus der Form lösen. In ca. 48 Rechtecke schneiden.

KIRSCH-CORNFLAKES-KUCHEN

DU BRAUCHST FÜR 24 STÜCKE:

- 1 kg Kirschen
- 1 Becher (250 g) Schlagsahne
- 425 g Zucker
- 400 g Mehl
- 1 Päckchen Backpulver
- 4 Bio-Eier (Größe M)
- 180 g Butter
- 3 EL Milch
- 150 g Cornflakes
- 2 EL Puderzucker
- Fett für die Form

So viel Zeit muss sein:
45 Minuten.
Wartezeit: 1 ½ Stunden.

Mittelschwer.

SO GEHT'S:

1. Kirschen waschen, abtropfen lassen, putzen, entsteinen. Sahne in eine Rührschüssel geben und mit den Schneebesen des Handrührgerätes halbsteif schlagen. 250 g Zucker einrieseln lassen und Sahne kurz weiterschlagen. Mehl und Backpulver mischen, erst das Mehl, dann die Eier nacheinander gut unterrühren.

2. Fettpfanne des Backofens (32 × 39 cm) gut fetten. Masse daraufgeben und glatt streichen, Kirschen darauf verteilen. Im vorgeheizten Backofen (E-Herd: 200 °C / Umluft: 175 °C / Gas: Stufe 3) auf der zweiten Schiene von unten ca. 12 Minuten backen.

3. In der Zwischenzeit Butter, 175 g Zucker und Milch aufkochen. Cornflakes untermischen, beiseitestellen und kurz abkühlen lassen. Cornflakes-Mischung auf dem Kuchen verteilen und im Backofen bei gleicher Temperatur weitere 12 Minuten backen. Auf einem Kuchengitter auskühlen lassen. Mit Puderzucker bestäubt servieren.

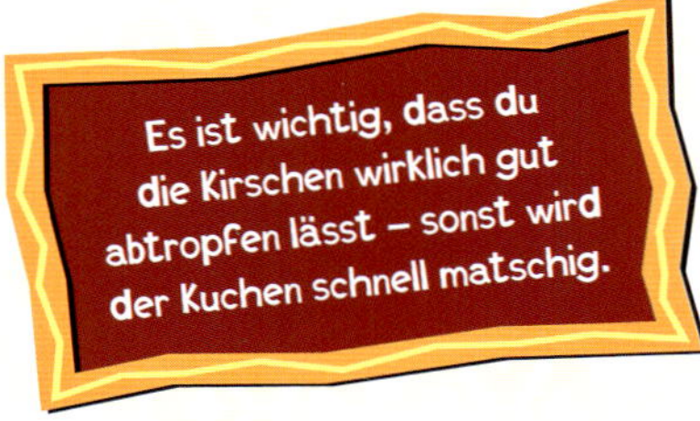

Ein Stamm der Sioux nannte den Juli den »Monat der reifen Kirschen«. **Kirschen** wurden roh oder als Grütze gegessen, aber auch mit zu Pemmikan verarbeitet. Du weißt nicht, was Pemmikan ist? Schnell zurückblättern auf Seite 102!

PFEIL-
SCHNELL
!

KNUSPRIGE SCHOKO-ERDBEEREN

DU BRAUCHST FÜR 4 PERSONEN:

- 3 EL Kokosraspel
- 8 große Erdbeeren
- 75 g Zartbitter-Kuvertüre
- 30 g gehackte Mandeln
- 16 Holzspieße

So viel Zeit muss sein:
20 Minuten.

Einfach.

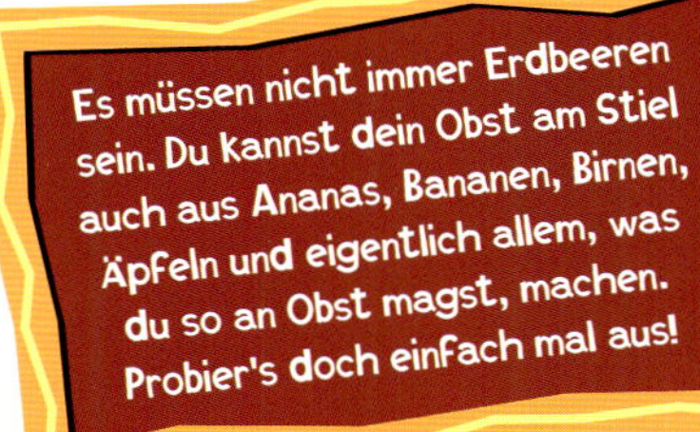

SO GEHT'S:

1. Kokosraspel in einer Pfanne ohne Öl bei mittlerer Hitze goldbraun rösten. Auf einem flachen Teller auskühlen lassen. Erdbeeren waschen, putzen und halbieren. Kuvertüre grob hacken und über einem warmen Wasserbad schmelzen.

2. Mandeln auf einen flachen Teller geben. Erdbeerhälften auf Holzspieße stecken und zur Hälfte in die Kuvertüre tauchen. Mit Kokosraspel und Mandeln bestreuen. Auf einem flachen Blech auskühlen lassen.

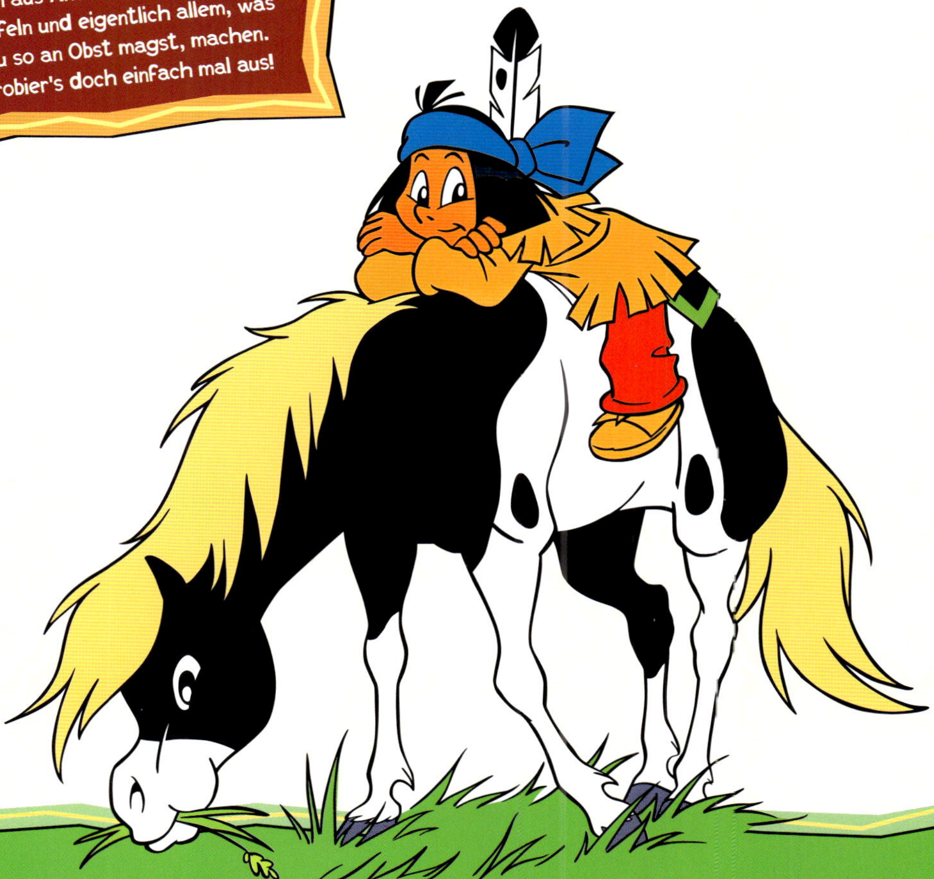

GROSSER ADLER
ERZÄHLT
Eine kleine
Geschichte über
Yakaris Vorfahren

Wie du bestimmt weißt, sind Indianer die Ureinwohner Nordamerikas. Wir stellen sie uns oft vor, wie wir sie bei Yakari, Karl May oder in anderen Wildwestgeschichten erleben: mit prächtigen Federn geschmückte Krieger, die durch die Prärie reiten und in Zelten aus Bisonleder wohnen.

Doch die meisten Indianer lebten ganz anders. Es gab über 500 Stämme. Sie lassen sich in vier Gruppen zusammenfassen: die Küstenindianer, die Puebloindianer, die Prärierindianer und die Waldindianer. Manche Stämme waren sesshaft, andere zogen umher, und die Stämme lebten teils friedlich, teils kriegerisch neben- oder nacheinander. Ihre Kulturen und Sprachen waren komplett unterschiedlich – wir unterscheiden uns ja auch von den Norwegern, Engländern und Spaniern! Und trotzdem sind wir Europäer. So war es auch bei den Indianern.

Wie ist das Wort Indianer entstanden?

Vor mehr als 500 Jahren wollte Christoph Kolumbus nach Indien. Er ging also mit dem Schiff auf große Fahrt. Als er endlich Land erblickte, dachte er, er wäre in Indien angekommen und nannte die Menschen, auf die er dort traf, „Indianer". Aber er hatte sich geirrt! Es handelte sich um ein damals noch unbekanntes Land, das man später Amerika taufte. Viel richtiger wäre also für seine Bewohner der Name „Ureinwohner Amerikas" oder auf Englisch: „Native Americans" gewesen.

S-I-O-U-X = »Ssu«

Sioux ist ein ungewöhnliches Wort. Es ist die Kurzform von »Nadouessioux«. Das bedeutet »kleine Schlangen«. So wurden die Sioux lange von ihren Feinden, den Chippewa, und später von den Weißen genannt. Das Wort kannst du im Deutschen wie »Sie-jux« aussprechen. Die richtige Originalaussprache ist »Ssu«.

Yakari ist ein ... was?

Unser kleiner Held gehört zum Stamm der Sioux. *Dem* Stamm der Sioux? Nein! Denn die Sioux war eine ganze Gruppe von Völkern – und es ist außerdem die Bezeichnung für die drei Sprachfamilien der Dakota, Nakota und Lakota. Sie alle waren Prärieindianer und ganz besonders stolz und tapfer.

Tiere spielten im Leben der Indianer eine bedeutsame Rolle. Sie brauchten die Tiere nicht nur zum Überleben, wie du unten lesen kannst, sondern die Indianer behandelten die Tiere als ihre Wegbegleiter, die eine Seele hatten. Bären und Adlern zum Beispiel wurden ganz besondere Kräfte zugesprochen. Und wenn ein Tier gut behandelt wurde, so glaubten die Indianer, konnten sich seine Kräfte auch auf den Menschen übertragen.

Pferde

Für viele Stämme, aber vor allem für die Sioux, waren Pferde sehr wichtig. Mit ihnen konnten sie Büffelherden über große Entfernungen in der Prärie verfolgen. Auf besonderen Schlitten transportierten sie Alte und Kranke, Verpflegung und Tipis. Außerdem waren ihre Pferde ihre Freunde – so wie es Kleiner Donner für Yakari ist.

Die Indianer trockneten **Büffelfleisch**, denn Pemmikan war ein idealer Proviant für die Jagd. (Schau doch mal schnell auf Seite 102, da gibt's ein Rezept!) Durch das Trocknen in der Sonne oder Räuchern über dem offenen Feuer wurde das Fleisch haltbar gemacht. Frühe Einwanderer übernahmen Rezepturen und Herstellungsweisen der Indianer und nannten ihr Trockenfleisch Jerky. Das gibt es in den USA heute noch: Vielleicht hast du schon mal von »Beef Jerky« gehört?

Büffel

Vom Büffel benutzten die Indianer alles, aber auch wirklich alles: Das Fleisch aßen sie und aus Knochen, Hörnern, Fell, Hufen und inneren Organen wurden Haushaltsgegenstände hergestellt. Besonders wertvoll war die Haut des Büffels: Daraus stellten die Indianer Sohlen und Schilde, Bespannungen für Tipis und Beutel her. Und die dicken Felle dienten ihnen als wärmende Kleidung und Bettdecken.

Totemtiere

Wie du weißt, kann Yakari mit allen möglichen Tieren sprechen. Und Großer Adler ist sein Totemtier, das ihn begleitet und beschützt. Sein Totem behält ein Indianer sein Leben lang – und die meisten Indianer haben ein Tier als Totem, deshalb werden diese Tiere auch Krafttiere genannt. Das Krafttier wird weder verletzt noch gejagt und schon gar nicht berührt. In seiner Jugend muss ein Indianer herausfinden, welches Tier sein Totem ist.

Beim Manitu! Bestimmt hast du den Ausdruck schon mal gehört. Das Manitu war die höchste Macht bei den Stämmen der Algonkin. Es war aber keine Gottheit wie bei uns, sondern das Manitu wohnte in allen Dingen dieser Welt: im Wasser, in den Pflanzen, in den Tieren, in der Erde und in der Sonne. Die Sioux nannten das Manitu »Wakonda«.

Tipi? Tipi!

Die Sioux lebten in Zelten aus Büffelleder – den sogenannten Tipis. Tipis schützten sie vor Hitze, Regen und Kälte. Auf- und Abbauen mussten die Zelte übrigens die Frauen ... Das dauerte für ein Tipi höchstens eine Stunde – was praktisch war, wenn man wie die Sioux nicht lange an einem Ort blieb. Die Indianer hatten natürlich noch andere Unterkünfte: Erdhäuser, Grashütten, Wigwams, Hogans – jeder Stamm fand die für seinen Lebensraum passende Wohnstätte.

Rauchzeichen

Wenn du Freunde treffen oder ihnen etwas mitteilen willst, rufst du sie an oder schickst ihnen eine Nachricht. Die Indianer hatten noch kein Handy und keinen Computer. Sie zündeten auf einem hohen Felsen ein Feuer an und hielten in unterschiedlich langen Abständen eine Decke über die stark qualmende Feuerstelle. So entwickelten sich große und kleine Rauchwolken. Und je nach Brennmaterial hatten diese Wolken verschiedene Farben. Durch das Lesen ihrer Größe und Farbe, der Pausen zwischen den einzelnen Wolken und ihrer Anzahl, konnten sich die Indianer also Wichtiges mitteilen. Fast so praktisch wie ein Smartphone, oder?

Federschmuck

Nicht jeder Indianer hatte automatisch einen Federschmuck. Die Sioux mussten sich das Tragen von Adlerfedern durch besonderen Mut erst verdienen. Viele Häuptlinge trugen besonders auffällige Federn auf ihren Köpfen. Auch Yakari darf sich die Feder von Großer Adler erst anstecken, nachdem er Kleiner Donner gezähmt und Regenbogen vor einem Puma gerettet hat.

Zeichensprache

Bestimmt hast du schon mal Gebärdensprache gesehen? So ähnlich funktionierte die Zeichensprache der Indianer: Die Stämme sprachen viele verschiedene Sprachen und damit sie sich trotzdem untereinander verständigen konnten, entwickelten sie Zeichen, die jeder Indianer verstehen konnte. Zeige- und Mittelfinger ausgestreckt bedeutet zum Beispiel »Ich komme als Freund«. Und drückte sich ein Krieger die Faust an die Stirn, war er ziemlich sauer!

Kriegsbemalung

Viele Indianer bemalten ihre Gesichter und Körper mit einer rötlichen Farbe, wenn sie in den Krieg zogen. Durch die Kriegsbemalung erkannte man auf einen Blick, von welchem Stamm ein Indianer kam und welche Taten er vollbracht hatte. Es gab aber noch einen anderen Grund, sich anzumalen: Die Farbe auf der Haut diente als Sonnenschutz und wehrte Ungeziefer ab.

AM FEUER
MIT SCHIMMERNDE
ZÖPFE
Tipps und Tricks
aus der Tipi-Küche

Wie du nun weißt, wurden viele Nahrungsmittel, die wir heute noch ständig essen, schon vor langer, langer Zeit bereits von den Indianern verwendet. Gekocht wurde direkt über dem Feuer – oder die Indianer warfen heiße Steine in Holz-, Rinden- und Korbgefäße und brachten so die Flüssigkeit darin zum Kochen. Klingt gefährlich, oder? War es auch! Genauso, wie du beim Grillen, am Lagerfeuer und mit Sachen, die heiß und fettig sind, sehr aufpassen solltest, mussten auch die Indianer darauf achten, dass sie sich nicht verbrannten.

Die Indianer hatten übrigens auch Erdöfen: Das in Blätter eingewickelte Essen wurde zusammen mit heißen Steinen in ein Loch gelegt. Doch diese Methode war unglaublich zeitraubend! Wilde Rüben waren erst nach mehr als 30 Stunden gar … Bis dahin wärest du längst verhungert. Wie gut, dass es bei uns nicht mehr so lange dauert! Hier kommen Tipps und Tricks, damit du in deiner Indianerküche noch besser und schneller etwas zaubern kannst!

Ein paar allgemeine Tipps

- Lies dir das Rezept vorm Kochen einmal komplett durch. So wirst du nicht von Arbeitsschritten überrascht, die plötzlich ganz schnell gehen müssen oder für die du besondere Dinge benötigst. Viele der Picknick-, Grill- und Pausenideen musst du zu Hause in der Küche vorbereiten, weil du Strom, fließendes Wasser und einen Herd brauchst. Erst danach: Ab nach draußen und genießen!

- Bereite deinen Arbeitsplatz, die nötigen Utensilien und Zutaten gut vor – dann gerätst du nicht mitten im schönsten Werkeln in Stress.

- Halte dich stets an die im Rezept angegebene Reihenfolge.

- Du magst es nicht, wenn dein Pulli schlabbert oder die Hose zu eng ist? Genauso geht es unseren Zutaten. Nimm immer die beim Gericht angegebene Größe von Formen, Töpfen oder Pfannen.

- Ob vom Wochenmarkt oder aus dem Bioladen: Die köstlichsten Gerichte zauberst du mit den frischesten Zutaten. Nimm dir stets die Zeit, die du brauchst, oder hol Hilfe dazu. Macht man zu schnell, geht oft was schief.

So machst du ein Lagerfeuer

1. Wichtig ist als Erstes der Ort: Boden und Umgebung dürfen im Umkreis von 3 Metern nicht brennbar sein. Am besten suchst du Stein- oder Sanduntergrund. Außerdem sollte es windstill sein.

2. Ordne größere Steine kreisförmig als Randbegrenzung an.

3. Dann sammle »totes« Holz. Das sind abgebrochene, trockene Äste – Achtung, sie sollten nicht morsch sein! Das Holz schichtest du dann in der Mitte des Steinkreises auf. Das Feuer wird aus dünnen Zweigen entfacht, darum stellst du die wie ein Tipi-Zelt auf. Dicke Äste legst du vorerst zur Seite.

4. Zum Anzünden kannst du wenig (!) trockenes Laub, Pappe oder dünnen Reisig nehmen und in das Innere deines Zweig-Tipis legen. Dort wird es angezündet. Aber auch Grillanzünder sind erlaubt.

5. Sobald der Zunder Feuer gefangen hat, legst du langsam dünnere Äste oder Holzscheite nach.

6. Brennt das Feuer gut, schiebst du einen dicken Ast in die Pyramide – der fängt nur langsam Feuer, hält aber die Glut lange. Jetzt musst du nur noch dickere Holzstücke als Nachschub bereithalten.

Für Stockbrot, Kartoffeln oder die gegrillten Marshmallows von Seite 34 musst du das Feuer übrigens herunterbrennen lassen – erst wenn wirklich nur noch Glut in der Feuerstelle ist, Stöcke nicht zu tief darüberhalten und immer wieder drehen.

Grilltipps

- Immer nur gemeinsam mit Erwachsenen grillen.
- Den Grillrost vor dem Grillen etwas einölen – dann bleibt nichts daran kleben. Nimm hierfür Rapsöl, Sonnenblumenöl oder eine Speckschwarte.
- Fertig Gegrilltes hältst du in Alufolie warm. Auf dem Grill trocknet es aus.
- Fleisch 2–3 cm dick schneiden – zu dünne Scheiben trocknen schnell aus.
- Beim Fischgrillen eignen sich am besten fetthaltige Fische wie Lachs oder Forelle.
- Fisch nicht zu heiß grillen, sonst wird er trocken.
- Wenn du Fisch und Gemüse auf Grillschalen grillst, bleiben die Nährstoffe besser erhalten.
- Kartoffeln können in Alufolie gewickelt direkt in der Glut vom Lagerfeuer oder Grill garen. Aber Vorsicht mit der Hitze beim Reintun und Herausholen!
- Briketts brennen länger als Holzkohle, brauchen aber vorher mehr Zeit.
- Erst losgrillen, wenn die Kohle glüht und von einer grauen Schicht bedeckt ist.
- Verbranntes vom Grillgut abputzen – es ist gesundheitsschädlich!

Wichtig bei Grill- und Lagerfeuer

- Nur gemeinsam mit einem Erwachsenen Feuer machen
- Sei ruhig und konzentriert
- Offene, lange Haare zurückbinden
- Weite Ärmel hochkrempeln, Schals und Tücher ablegen
- Nie auf brennbaren Flächen (Tischdecken, Papier, Holz) zündeln
- Löschmaterial bereitstellen

Das Indianerpicknick

Viele unserer Rezepte haben wir für draußen ausgesucht. Achten solltest du trotzdem darauf, dass Eierspeisen, Milchprodukte, Fisch und Fleisch bei Hitze leicht verderblich sind und deshalb schnell gegessen werden müssen. Alles, was matscht und schmilzt, ist nichts zum Mitnehmen! Erfrischende Getränke für den Outdoor-Indianer sind Mineralwasser und Saftschorlen. Hier noch ein Trick: Fruchtsaft vor dem Transport einfrieren, unterwegs auftauen lassen und kalt trinken oder mit Mineralwasser mischen – lecker!

Frische Kräuter sind etwas Herrliches! Die Ureinwohner Nordamerikas benutzten sie immer und reichlich – und das nicht nur zum Kochen. Mehr als 600 indianische Heilkräuter kommen in unserer heutigen Medizin zum Einsatz. Viele davon wie Kamille oder Löwenzahn kennst du, Zaubernuss und Beinwell klingen schon mehr nach Zaubertrank, oder?

Für deinen eigenen Kräutergarten versuche dich erst mal an Petersilie, Schnittlauch, Rosmarin, Thymian und Basilikum. Im Garten findet sich bestimmt ein Plätzchen dafür. Wenn ihr keinen Garten habt: Macht nichts! Du kannst einen Kräutergarten auch an einer sonnigen Hauswand oder auf dem Balkon anlegen. Sogar auf der Fensterbank gedeiht dein kleines Kräuterbeet. Wichtig ist nur, dass die Kräuter genug Sonne abbekommen.

SO GEHT'S:

1. Zum Pflanzen kannst du Töpfe, Kübel oder Blumenkästen nehmen. Wichtig ist nur, dass das Wasser gut aus ihnen ablaufen kann. Über die Löcher in den Pflanztöpfen legst du Tonscherben oder flache Kieselsteine. Dann befüllst du die untere Schicht ca. 1–2 cm mit Sand oder Kies. Vermische dann je ein Drittel Kompost, Sand und Gartenerde. Das Ganze gibst du in die Gefäße.

2. Dann säst du die Samen aus. Vorsicht, nicht zu dicht beieinander! Klopf sie leicht fest. Die Erde besprühst du mit Wasser aus einer Sprühflasche und ziehst Frischhaltefolie darüber. Dann heißt es warten, beobachten und immer wieder mit Wasser besprühen. Oha: Sobald die ersten grünen Pflanzen ihre Köpfchen zaghaft aus der Erde recken, nimmst du die Folie ab.

3. Jetzt lassen viel Licht, Sonne und frische Luft deine Kräuter wachsen. Du gießt immer wieder und lockerst zwischendurch den Boden ein wenig auf. Und schon bald kannst du die ersten Kräuter ernten!

KÖSTLICHES FÄHRTENLESEN

ALLE REZEPTE AUF EINEN BLICK

KENNST DU ALLE ABENTEUER VON YAKARI?

DIE DVDs UND DIE ORIGINAL-HÖRSPIELE ZUR TV-SERIE, FOLGE 1-26

ALLE TV-FOLGEN UND DEREN HÖRSPIELE VON YAKARI AUCH ALS DOWNLOAD ERHÄLTLICH!

DER GROSSE SAMMELSPASS:
Alle 26 Folgen ergeben ein tolles Yakari-Bild!

youtube.com/EdelKidsTV

facebook.com/edelkids

BUNTE WELTEN. GROSSE AUGEN.

EDEL:KIDS